婴幼儿照护类专业系列教材

婴幼儿运动安全与保护

叶平枝 / 丛书主编

闫俊涛　张首文　孙　璐 / 主编

北京师范大学出版集团

BEIJING NORMAL UNIVERSITY PUBLISHING GROUP

北京师范大学出版社

图书在版编目（CIP）数据

婴幼儿运动安全与保护/闫俊涛，张首文，孙璐主编.—北京：
北京师范大学出版社，2023.9
　ISBN 978-7-303-27698-1

　Ⅰ.①婴…　Ⅱ.①闫…　②张…　③孙…　Ⅲ.①婴幼儿-运动训练
Ⅳ.①G613.7

中国版本图书馆CIP数据核字（2021）第272797号

图书意见反馈：gaozhifk@bnupg.com　010-58805079
营销中心电话：010-58806880　58801876
编辑部电话：010-58807468

出版发行：北京师范大学出版社　www.bnup.com
　　　　　北京市西城区新街口外大街12-3号
　　　　　邮政编码：100088
印　　刷：保定市中画美凯印刷有限公司
经　　销：全国新华书店
开　　本：787 mm×1092 mm　1/16
印　　张：12
字　　数：217千字
版　　次：2023年9月第1版
印　　次：2023年9月第1次印刷
定　　价：34.80元

策划编辑：王　超　罗佩珍　　　　责任编辑：李春生
美术编辑：陈　涛　焦　丽　　　　装帧设计：陈　涛　焦　丽
责任校对：段立超　　　　　　　　责任印制：马　洁

编委会

丛书主编

叶平枝

本书主编

闫俊涛　张首文　孙　璐

本书副主编

毕中情　李　徽　李迎春

本书参编（姓氏笔画排序）

田佳欣　刘晓曦　闫俊倩　李　娜　吴升扣　吴梦晗

宋　琳　孟　莉　胡国森　袁　伟　龚琪雯

丛书序

大力发展职业教育对于降低失业率、解决就业结构的矛盾，提高生产力和劳动者的整体素质，减少贫富差距、树立劳动者尊严，激发劳动者热情和创造力，推动我国民族复兴都具有重要意义。如果说德国经济腾飞的秘密武器是其双元制的职业教育体系，那么，我国职业教育的纵深发展也将成为撬动我国经济、社会发展的重要力量。进入"十四五"，我国职业教育又有了新起点、新变化：中等职业教育从"就业导向"到"就业与升学导向"，毕业生既可以直接就业，也可以继续升学到专科和本科职业院校，因而成为高等教育的生源基础，有着多元的发展路径；高职专科进入提质培优、增值赋能、以质图强，加快迈进现代化的新阶段；高职本科坚持理论先行、"高举高打"，充分发挥其在职业教育中的龙头地位。

2021年3月教育部印发《职业教育专业目录（2021年）》（教职成〔2021〕2号），首次对中职、高职专科和高职本科三个层次专业目录进行一体化修（制）订，建立了统一的分类框架和上下衔接的专业名称，使职业教育类型特征更为凸显。通过中职、高职专科、高职本科一体化专业设置，为学生职业发展打开通路。

根据这些职业教育发展趋势和国家《"十四五"职业教育规划教材建设实施方案》，本系列教材聚焦于婴幼儿照护类专业，通过不同梯度的内容设计，为学前教育、婴幼儿托育服务与管理、早期教育、婴幼儿发展与健康管理等专业提供专业教材，同时，也为实现"幼有所育、幼有优育、幼有善育"奠定基础。

在编写过程中，编写组努力体现如下原则：（1）坚持正确的政治方向和价值导向；（2）以培养德智体美劳全面发展的社会主义建设者和接班人、未来的"四有好老师"为目标；（3）体现"培根铸魂、启智增慧"；（4）遵循职业教育教学规律和人才成长规律；（5）科学合理编排教材内容。

本系列教材努力体现如下特色。

（1）医养教结合，适用性强。本系列教材聚焦健康和保育，着重补充了婴幼儿照护类专业紧缺的课程教材。教材主要涵盖三个方面：一是婴幼儿卫生保健，包括《幼儿园食育》《婴幼儿感觉统合发展与训练》《婴幼儿常见疾病预防与护理》；二是婴幼儿体育，包括《婴幼儿体质健康与动作发展测评》《婴幼儿运动安全与保护》《婴幼儿运动处方设计与应用》；三是婴幼儿心理健康，包括《婴幼儿发展评价》《婴幼儿行为观察与指导》《婴幼儿常见发展问题与矫正》《婴幼儿亲职教育》《学前特殊儿童融合教育》。

（2）行业专家领衔，专业度高。教材编写队伍多元，理论和实践专家相结合。本系列教材的编写者既有来自普通高校、职业院校、科研机构的教学研究人员，也有来自医疗机构、保教机构和婴幼儿保育实践的教研员；编写工作既有博导、教授等资深专家领衔，也有中青年新锐积极参与。编写队伍专业水平高，具有使命感、责任感和良好的师德，保证了教材的政治方向、权威性、科学性和前瞻性。

（3）理实一体，可操作性突出。本系列教材为"岗课赛证"融通教材，内容根据职业院校学生的学习特点和职业发展需求编写，既有理论的指导，又有结合岗位需求的实践案例；既体现最新、最前沿学科发展，又深入浅出、可读性强、易于理解。

（4）融媒体教材，立体化呈现。本系列教材将图文并茂的纸媒与数字化的微课、案例视频、在线习题等相结合，根据不同内容的具体需求，立体化呈现各门课程的学习要点、知识难点、核心技能等。设置各类情境中的互动实操环节，帮助学生形成个性化的学习方案和自主学习习惯，注重课程评价的过程性和形成性。

相信本系列教材的出版，将有利于促进相关专业人才培养的开展和质量的提升，从而有力推动我国婴幼儿照护事业健康地、高质量地、持续地发展。同时，也希望通过本系列教材的推广和使用，进一步吸纳一线教师、科研人员及其他使用者的智慧与经验，使教材不断发展和完善，持续为广大师生提供高品质教材。

叶平枝

近年来，婴幼儿的运动安全问题成为社会关注的热点问题。当婴幼儿发生运动伤害事故时，无论对婴幼儿还是对家庭都是沉重的打击，甚至带来不可挽回的损失。随着人们越来越重视婴幼儿的身体健康问题，并逐步意识到体育活动与婴幼儿健康和整体发展之间的密切关系，加强婴幼儿体育运动安全教育和管理，预防运动伤害事故的发生就成了亟待解决的问题。党的二十大报告指出，要"建成教育强国、科技强国、人才强国、文化强国、体育强国、健康中国，国家文化软实力显著增强"。体育强国、健康中国、儿童健康是中国健康的基石。2019年国务院办公厅发布了《国务院办公厅关于促进3岁以下婴幼儿照护服务发展的指导意见》，国家卫生健康委也组织编写了《儿童伤害预防与控制工作指南》和《托育机构婴幼儿伤害预防指南（试行）》，健全了0—3岁阶段相关安全制度，规范和加强了对婴幼儿的照护。而《3—6岁儿童学习与发展指南》的发布则明确了3—6岁幼儿发展的目标，依据儿童身心发展特点建立了科学系统的内容体系，着重强调了要充分认识生活和体育游戏对幼儿成长的教育价值，建议幼儿每天户外活动不少于2小时，体育游戏不少于1小时，为幼儿运动提供了科学的指引。《幼儿园教育指导纲要（试行）》也指出："幼儿园必须把保护幼儿的生命和促进幼儿的健康放在工作的首位。"以上文件都进一步明确了体育运动和婴幼儿安全的重要性。鉴于此，根据当前社会关注的热点问题和相关政策的引领，我们特组织多所高校的婴幼儿教育领域专家和教学经验丰富的幼教机构教师完成了本教材的编写。

婴幼儿体育运动属于有目的、有计划的教育性活动。一方面，婴幼儿体育运动具有趣味性、自由性和创造性的特点，和婴幼儿好玩、好动、想象力丰富的特点相吻合，是婴幼儿喜欢的活动。另一方面，婴幼儿体育运动能提高动作技能、学习和认知能力，增强积极的情绪，有利于婴幼儿的身心健康。因此，幼教机构应通过各种形式组织多种多样的体育活动。但是，婴幼儿在运动中又存在很多的不安全因素：一方面，婴幼儿自我保护能力不足，认知事物能力有限；另一方面，教师缺少安全事故防范与保护的正规培训。尽管婴幼儿因自身的原因会有发生运动伤害的可能性，但很多时候婴幼儿的运动伤害都是由于教师或者家长的疏忽大意、运动安全相关教育的缺失，特别是对婴幼儿运动安全与保护知识的缺乏等因素造成的。考虑到当前婴幼儿照护与教育相关专业对这方面知识迫切的需要，我们特编写了本书。本书聚焦婴幼儿运动的安全与保护这一主题，具有较强的操作性和应用价值，既适用于职业教育婴幼儿照护与教育相关专业（包括婴幼儿发展与健康管理专业、学前教育专业、婴幼儿托育服务与管理专业、早期教育专业）学生的学习，也适用于幼教机构（包括幼儿园、托育园、早教机构等）的一线教师参考借鉴，还可为广大家长科学指导婴幼儿的体育活动提供指导。

《婴幼儿运动安全与保护》一书共五章，分别为婴幼儿运动安全与保护概述、婴幼儿运动安全的预防工作、婴幼儿常见运动的安全与保护、婴幼儿运动伤害、婴幼儿常见运动伤害的处理与急救。本书具有以下特点。

1. 内容的针对性。本书分别对婴幼儿的发育特性、常见运动类型、婴幼儿常见运动伤害及原理、康复治疗等方面进行了有针对性的详细描述，帮助幼教工作者和家长在婴幼儿进行体育运动时给予必要的保护和在婴幼儿发生运动伤害事故时做出紧急的处理和急救。

2. 编写的特色性。本书设置小贴士、想一想、知识链接等栏目，以浅显易懂的方式为减少婴幼儿在运动中潜在的安全问题提供科学的指导，适合本专业学生、幼教工作者和婴幼儿家长阅读和参考。

3. 内容的实用性。本书注重实践能力的培养，通过添加许多生动的婴幼儿体育活动图片资料，帮助本专业学生、幼教工作者和家长了解常见运动类型、常见运动伤害以及有效的急救手段，提高其解决问题的能力。

4. 内容的科学性。参编人员都具有丰富的婴幼儿运动理论与实践经验，严控每个章节的质量，力求满足本专业学生、幼教工作者和家长对相关知识的广度与深度的需求。

本书编写具体分工如下：第一章由北京体育大学闫俊涛负责；第二章由晋中学院毕中情、首都师范大学张首文、北京市朝阳区教师发展学院刘晓曦、北京市通州区教师研修中心龚琪雯负责；第三章由首都师范大学张首文、北京市石景山区实验幼儿园李徽、北京体育大学闫俊涛和吴梦晗、北京十一晋元幼儿园田佳欣、北京市通州区张家湾镇牛堡屯中心幼儿园胡国森和袁伟负责；第四章由北京教育科学研究院孙璐、河北省邯郸幼儿师范高等专科学校李娜、中国人民大学吴升扣、北京市石景山区实验幼儿园孟莉负责；第五章由北京体育大学宋琳、北京市昌平区工业幼儿园李迎春负责。全书由闫俊涛统稿。此外，本书案例主要由北京市石景山区实验幼儿园的多位教师提供，北京体育大学的研究生张子琳、郭颖、段志勇参与了本书的资料整理工作。

本书编写得到了北京师范大学出版社、北京体育大学、首都师范大学学前教育学院、北京教育学院通州分院研修中心、北京市石景山区实验幼儿园、北京市昌平区工业幼儿园、北京市通州区牛堡屯幼儿园等单位的大力支持，谨此一并致谢。

在本书编写过程中，我们参考了许多专家学者的著作和成果，引用了许多婴幼儿运动安全事故的经典案例和婴幼儿运动的图片资料，在此向相关作者表示衷心感谢。由于编写人员水平有限，本书难免存在疏漏和错误，在此，恳请同行专家和读者朋友批评指正。

编者

目 录
CONTENTS

第一章
婴幼儿运动安全与保护概述

学习目标

1. 理解婴幼儿运动安全与保护的意义。
2. 掌握婴幼儿运动安全与保护的目标与内容。
3. 理解婴幼儿运动风险的影响因素。

思维导图

```
                                          ┌─ 一、能加强婴幼儿教师、家长的
                                          │     安全意识
                                          ├─ 二、能培养幼儿的安全意识及自我
                        第一节  婴幼儿运动安全与 │     保护能力
                              保护的意义    ├─ 三、能及时有效预防运动安全伤害
                                          │     事件的出现
                                          ├─ 四、能从容应对运动安全伤害事件
                                          └─ 五、能提升婴幼儿教师、家长组织
                                                婴幼儿运动的专业能力

第一章  婴幼儿运动安全与     第二节  婴幼儿运动安全与 ┌─ 一、婴幼儿运动安全与保护的目标
        保护概述               保护的目标与内容  └─ 二、婴幼儿运动安全与保护的内容

                                          ┌─ 一、婴幼儿自身因素
                        第三节  婴幼儿运动安全风险的 ├─ 二、教师因素
                              影响因素       ├─ 三、幼教机构因素
                                          ├─ 四、家长因素
                                          └─ 五、环境因素
```

导 入

　　每到户外活动时间，某幼儿园教师不愿意组织幼儿进行户外运动，认为幼儿在运动时，判断危险和自我保护能力都较弱，容易发生运动伤害。园长以及家长也非常关注幼儿的安全，担心幼儿在运动中如果出现意外伤害不能及时处理，会造成不必要的麻烦。因此能不出去就不出去，能少活动就少活动，抱着多动多危险、少动少危险、不动不危险的心态。

这种现象存在于不少幼教机构。教师不能正确理解婴幼儿运动与婴幼儿成长的关系，不能正确理解婴幼儿运动安全与保护的意义以及影响因素，本章将重点讨论这些内容。

第一节　婴幼儿运动安全与保护的意义

安全是婴幼儿运动的首要前提，失去了安全的保障，婴幼儿的学习和成长便无从谈起。基于安全视角下的婴幼儿运动既是以人为本的教学理念，也是幼教机构和婴幼儿教师的基本职责所在。本着"防患于未然"的原则，幼教机构和婴幼儿教师要查漏补缺，及时消除安全隐患。

在婴幼儿的身心发展过程中，身体活动及体育活动的作用非常大，不过由于婴幼儿年龄小，运动器官和运动能力发展不完善，身体协调能力较差，因此在进行体育运动时容易出现一些安全风险。这就要求婴幼儿教师必须在婴幼儿运动中加强安全意识，提高风险控制能力，让婴幼儿在安全的前提下进行运动。这不管是对于婴幼儿的健康成长，还是对于教师组织婴幼儿运动的专业能力而言，都有着非常重要的意义。

一、能加强婴幼儿教师、家长的安全意识

《国务院办公厅关于促进3岁以下婴幼儿照护服务发展的指导意见》指出："3岁以下婴幼儿照护服务是生命全周期服务管理的重要内容，事关婴幼儿健康成长，事关千家万户。"意见强调了家庭为主、托育补充的原则，家庭对婴幼儿照护负主体责任。《幼儿园教育指导纲要（试行）》也指出："幼儿园必须把保护幼儿的生命和促进幼儿的健康放在首位。"加强婴幼儿教师、家长的安全意识，能有效防范安全事件的发生。

二、能培养幼儿的安全意识及自我保护能力

幼儿年龄小，能力和体力十分有限，动作的灵敏性和协调性较差，又缺乏经验。幼儿在运动中常常不能预见自己行为的后果，对突发事件不能做出准确的判断，当处于危险之中时就会缺乏自我保护的能力。对幼儿运动安全与保护的教育，能教导幼儿在运动时如何注意安全，防范不安全事故的发生，预防运动伤害，能培养幼儿的安全意识及自我保护能力。

三、能及时有效预防运动安全伤害事件的出现

婴幼儿运动安全与保护的教育能从人（婴幼儿、教师或家长）、事（游戏活动的设计）、物（教具、活动场地）等方面入手，发现婴幼儿在参与运动活动时容易出现安全问题的环节，根据婴幼儿的身心特点、参与活动的规律，通过运动内容的合理设计，保护方法的灵活运用、活动场地或教具安全隐患的有效排查，从而预防运动安全事件的发生。

四、能从容应对运动安全伤害事件

幼教机构教师和家长要掌握运动安全伤害事件的正确应对流程：伤害事件发生前的风险识别预防是基础；安抚受伤婴幼儿情绪的同时及时正确判断出现的问题是必要条件；伤害事件发生时教师和家长的及时处理最为关键；伤害事件发生后教师及时与家长进行有效沟通也很重要；伤害事件处理后的慰问措施必不可缺。

五、能提升婴幼儿教师、家长组织婴幼儿运动的专业能力

婴幼儿参与科学、适宜的体育运动，能促进婴幼儿身体各器官、系统机能的正常生长发育，使身体更加协调和灵活，能促进婴幼儿认知能力的发展。而保证婴幼儿参与体育运动时的人身安全就成了首要的条件。家长应了解婴幼儿动作发展的序列，从而事宜安排运动的内容和负荷。作为幼教机构的教师，专业能力也体现在组织婴幼儿运动时选择适宜的运动内容、充分的热身以及放松活动、合理的站位、适宜的组织方法、科学有效的保护方法等。

知识链接

儿童参与"成人化"运动屡现伤残悲剧

云南省第一人民医院某骨科医生曾遇到一名令他揪心的患儿。4岁的贝贝（化名）在玩蹦床时，不幸从高处摔落，胳膊着地，肘关节严重骨折。痛哭流涕的孩子被送到医院紧急手术。"孩子肘关节损伤严重，今后恐难恢复正常了，家长捶胸顿足，后悔不已。""没有人能保证学龄前孩子学蹦床是绝对安全的。在临床上，我们遇到的因蹦床运动发生身体伤害的患儿日渐增多，这需要引起重视。"这位骨科医生说。

专家们表示，儿童身体机能不成熟，不能像成人一样进行太剧烈、强度大、时间长的运动。在身体条件存在局限，教练水平不高以及防护措施不到位的情况下，儿童从事"成人化"运动很容易导致骨关节及韧带损伤，致骨生长发育畸形。

专家还提醒，儿童自我保护意识不强，平衡及控制能力有限，在参与攀岩等有一定危险系数的运动时，一旦从高空跌落，更容易导致关节韧带受损，如果伤及脊柱、脊髓，会致高位截瘫甚至全身瘫痪。

第二节　婴幼儿运动安全与保护的目标与内容

一、婴幼儿运动安全与保护的目标

党和政府一贯重视婴幼儿运动的安全。2015 年教育部印发的《学校体育运动风险防控暂行办法》，提出要加强各级各类学校体育运动风险防控工作，保障学校体育工作健康有序开展。2017 年国务院办公厅印发的《国务院办公厅关于加强中小学幼儿园安全风险防控体系建设的意见》，提出要完善学校安全风险预防体系，包括要健全学校安全教育机制，完善有关学校安全的国家标准体系和认证制度，着力建设安全校园环境。这为安全开展婴幼儿运动，避免安全伤害指明了方向。在理解婴幼儿运动安全与保护对婴幼儿发展的重要意义基础上，以《中华人民共和国民法典》《中华人民共和国未成年人保护法》《学生伤害事故处理办法》等法律法规为依据，同时结合《国务院办公厅关于促进 3 岁以下婴幼儿照护服务发展的指导意见》《托育机构设置标准（试行）》《托育机构管理规范（试行）》《儿童伤害预防与控制工作指南》《托育机构婴幼儿伤害预防指南（试行）》《幼儿园教师专业标准（试行）》《幼儿园工作规程》《3—6 岁儿童学习与发展指南》中的相关内容，现归纳婴幼儿运动安全与保护的目标如下。

（一）提升婴幼儿教师和家长组织婴幼儿运动的安全与保护能力

在婴儿阶段，家庭对婴儿照护负主体责任。家长应该了解婴儿身体活动时的安全隐患，提高保护婴儿的能力。婴幼儿教师除了具备婴幼儿运动的组织能力，还应掌握丰富的婴幼儿运动相关知识和安全保护基本方法。对婴幼儿的身体和运动情况能准确判断，能根据婴幼儿不同特点设计和合理实施婴幼儿运动方案，熟悉对婴幼儿阶段常见的爬、走、跑、跳等运动的防护要点和基本方法，对各种运动危险进行提前预判，及时做好预案，从而消除安全隐患。

（二）让幼儿具备基本的安全知识和自我保护能力

"千般呵护，不如自护。"提升幼儿运动安全自护能力，最好的方法就是在运动中培养幼儿的自我保护意识、保护能力，逐渐养成自我保护的好习惯。同时在运动中培养幼儿胆大、心细的品质，能正确面对危险，化解危险，在运动中不做危险的事，不给他人造成危险。《3—6岁儿童学习与发展指南》中的健康领域对不同儿童年龄阶段的运动安全提出了具体要求，详见表1-1。

表1-1　不同儿童年龄阶段的安全知识和自我保护能力要求

3—4岁	4—5岁	5—6岁
在提醒下能注意安全，不做危险的事	运动时能主动躲避危险	运动时能注意安全，不给他人造成危险

（三）提升幼儿教师风险管理、运动伤害预防及处理的运动安全素养

3岁以后，幼儿进入幼儿园学习，教师成为幼儿运动的主要组织者和参与者。其安全意识的强弱和安全组织能力的高低是幼儿运动安全的第一要素，这就要求教师具有一定的风险管理能力。风险管理是指在一个具有潜在风险的环境中，把风险降到最低的管理过程。风险管理过程包括四个方面：预测风险、识别风险、应变措施、评估风险。幼儿教师是幼教机构运动环境安全漏洞的第一发现人，需要预测并识别风险。当幼教机构环境出现可能干扰幼儿正常活动的因素的时候，幼儿教师要及时和相关管理人员协调沟通，不能无视，更不能放任不管，需要提出相应的应变措施，同时对风险进行评估。当幼教机构环境出现运动安全隐患的时候，幼儿教师要及时减少或者暂停相关运动。同时幼儿教师要掌握基本的运动安全急救知识和突发事件的处理常识，按照流程转送救治，最大程度减轻运动安全伤害事件带来的后果。幼儿教师要以高度负责的态度，把自己当成幼儿学习和成长的领路人。

> **说一说**
>
> 　　关于幼儿园运动，存在这样一种观点："多动多危险，少动少危险，不动不危险"，请分小组说一说这种观点是否正确。

知识链接

运动风险可以预判

　　幼儿游戏中的伤害，可能发生在游戏活动过程中的各个局部或各个环节上，其中有些是属于可判断、可预防的，有些则是难以预料、防不胜防的。例如，对幼儿来说，他在选择攀爬游戏时，对当前的攀爬高度是否有把握是可以做出判断的，但是攀爬架的牢固性却是他不能判断和预料的，即使对他来说得心应手的攀爬行为，也抵挡不住由于攀爬架的突然扭曲、断裂而造成的跌落。相反，教师对每个幼儿的攀爬能力所能接受的高度未必十分清楚，但对攀登架的牢固性和万一失足导致的可能跌伤程度，是可以判断和预防的。

二、婴幼儿运动安全与保护的内容

通过对大量婴幼儿运动安全事件的分析，依据现有相关政策规定和现有婴幼儿运动安全与保护的研究，将婴幼儿运动安全与保护的具体内容可分成以下几类，便于广大婴幼儿教师有针对性地学习和掌握。

（一）婴幼儿运动安全的预防工作

1. 幼儿安全意识及自护能力的培养

婴幼儿在0—3岁时，其认知水平仅达到分辨长短、前后方位以及懂得先后顺序等的发育阶段，认知水平和思维意识水平较低，因此，需要家长做好监护作用。3岁以后，幼儿步入幼儿园小班并且逐渐拥有一些安全意识，这个时期开始需要家长、教师等人主动培养和建立幼儿的安全意识以及自护能力。

幼儿运动安全意识及自护能力的培养主要从培养目标、内容、方法及途径四个方面来展开。培养幼儿运动安全意识及能力的目标，旨在帮助幼儿建立起运动中的安全防护意识，引导幼儿掌握运动安全的基本常识与技能，学会遵守有关运动的安全要求和规则，激发幼儿参与体育活动的兴趣，提高自我保护能力，预防和减少运动中的伤害。

培养幼儿运动安全意识及自护能力的内容主要从着装安全、运动中的安全、器械安全三个方面展开。

培养幼儿运动安全意识及自护能力的方法主要有环境渗透法、主题活动法、活动体验法、随机教育法、同伴互助法等。

培养幼儿运动安全意识及自护能力的途径主要有专门的运动安全教育课程、日常生活的渗透与提醒、家园合作等。

2. 科学的运动方法

科学的运动是确保安全、避免运动伤害的前提，主要从选择适宜不同年龄阶段婴幼儿的动作、重视准备活动与整理活动、护具的使用、合理安排运动负荷四个方面来探讨科学的婴幼儿运动方法。

选择适宜的动作：由于婴幼儿的生理发展特点，肌肉骨骼处于快速发展期，不同年龄阶段的身体发展情况不同。在各种动作技能的练习中，婴幼儿逐渐获得力量、耐力、速度、灵敏性、协调性等方面的提高。因此，根据婴幼儿的生理成熟度来选择适宜不同年龄阶段的动作练习是婴幼儿运动的重要内容。

重视准备活动与整理活动：充分并有针对性的准备活动和整理活动对婴幼儿来说非常重要。准备活动主要包含一般性练习、专门性准备活动；整理活动包含一般性整理活动、专门性整理活动。

护具的使用：需要根据运动类型、婴幼儿自身特点、运动程度选择护具，同时正确使用护具。

合理安排运动负荷：根据婴幼儿的生理特征以及运动项目特点科学合理安排运动负荷。

3. 教师和家长的作用及基本保护方法

婴幼儿教师和家长应正确认识其在婴幼儿活动中的作用以及掌握运动中的基本保护方法。

婴幼儿教师和家长应提前预测风险、识别风险、消除安全隐患，创设一个安全、卫生的运动环境；合理安排活动的结构，及时指导和调整；给予婴幼儿必要的安全提示和保护。

婴幼儿运动中的安全保护共有三种基本方法，分别为他人保护、自我保护和利用器械保护。

4. 运动器械的选择与使用

运动器械的合理选择与使用需要考虑以下几个原则：符合婴幼儿的年龄特点、考虑婴幼儿能力水平差异、注重运动器械的安全性、注重运动器械的合理搭配、运动器械多样性的探索。

（二）幼教机构及家庭常见婴幼儿运动的安全与保护

幼教机构及家庭常见婴幼儿运动的安全与保护主要从常见的运动类型、各类型运动安全与保护的要点，以及案例分析三个方面展开。

幼教机构及家庭常见的婴幼儿运动类型主要包括翻身、坐、站、走类，跳跃类，投掷类，钻爬类，攀爬类，翻滚类，悬垂类，平衡类以及球类等运动。对类型的了解便于人们理解各类型身体活动及运动的特点，从而把握运动安全与保护的要点。

不同类型运动安全与保护的要点除了包括体育运动场地、器材设施的检查以及热身放松等共同内容外，还要考虑其自身运动独特的特点，因此安全与保护的要点也有所不同。

（三）婴幼儿运动伤害及特征

了解婴幼儿运动伤害的类型、运动伤害有哪些特点以及运动伤害对婴幼儿的影响，这些都是提升婴幼儿运动伤害预防能力的重要途径，同时也能为从容地处理婴幼儿运动伤害打下基础。

（四）婴幼儿常见运动伤害的处理与急救

婴幼儿教师和家长要掌握基本的运动安全急救知识和突发事件的处理常识，了解运动伤害处理的基本原则，对常见的运动伤害能掌握正确的急救方法，按照流程转送救治，最大程度减少运动安全伤害事件带来的后果。

第三节　婴幼儿运动安全风险的影响因素

婴幼儿运动出现的安全风险主要来自婴幼儿、教师、幼教机构、家长、环境五大因素，其中婴幼儿的生理发育、心理发育特点，婴幼儿教师的自身安全认知、自身专业素养、教学经验与准备，幼教机构的安全管理制度建立、定期指导与培训、家园有效沟通，婴幼儿家长的自身风险意识、个人专业素质与经验，教学环境中藏匿的风险隐患都是造成婴幼儿在运动时容易发生安全事故的重要原因。

一、婴幼儿自身因素

（一）婴幼儿生理发育不成熟，自控能力较弱

0—6岁婴幼儿身心处于明显的未成熟阶段，婴幼儿身体各部分的器官比较娇嫩，骨骼发育不完全，神经系统比较脆弱，身体的各种机能水平较弱，动作的协调性差，所以运动过程中摔倒是经常出现的情况，而且婴幼儿大脑对身体动作的变化不能灵活做出相应的反应。

知识链接

婴幼儿骨骼的生理特点 [1]

婴幼儿的髋骨与成人的不同，它还不是一块严丝合缝的骨头，而是由髂骨、坐骨和耻骨三块骨头组成，并借助软骨连结在一起。由于这种特点，婴幼儿蹦跳的时候，特别需要注意安全，避免三块骨头在外力的作用下发生移动和错位。例如，婴幼儿从高处往硬地上跳，就可能使三块骨头之间的软骨受损伤，骨头错位，致使骨盆变形。[2]婴幼儿骨骼中的水分和有机物质（骨胶原）多，而无机盐（磷酸钙、碳酸钙）少，

① 金扣千主编：《学前保健学》，13页，上海，复旦大学出版社，2011。
② 万钫编著：《学前卫生学》（第3版），3页，北京，北京师范大学出版社，2012。

弹性较好而坚固性较差，所以婴幼儿的骨骼不易完全折断，但易于发生弯曲和变形。婴幼儿的关节窝白浅，周围的韧带松、伸展范围大，但关节的牢固性差，在外力作用下容易脱位，因此不宜做幅度大、用力猛的活动。例如，因婴幼儿肘部的关节易脱白，所以婴幼儿不能用力提哑铃等重物，或者不能用力牵拉。

婴幼儿的神经系统比较脆弱，无法较好地控制自身情绪。如在运动过程中幼儿容易和同伴发生冲突行为，这种冲突行为主要发生在游戏的进行阶段。小班近一半以上的冲突事件均是由双方争抢游戏资源引起的。中班同伴间的冲突行为大部分源于游戏意见分歧。中班幼儿处在联合游戏阶段，和同伴一起进行游戏活动时，喜欢和同伴讨论，当出现意见分歧时始终坚持己见，不轻易接受他人意见，进而容易产生同伴之间的冲突。大班的冲突行为表现为攻击性行为，主要表现为：推搡同伴、咬人、拉扯衣服、故意踩对方的脚、故意推倒同伴的玩具等。在户外游戏活动中，经常看到有些幼儿因为与同伴争抢玩具引发冲突行为而导致伤害事件发生。

（二）婴幼儿心理发育不成熟，安全意识不强

婴幼儿活泼好动，具有强烈的好奇心、探索欲望，喜欢模仿成人或同伴的行为，不能够进行抽象的思维运算，对参与游戏活动的欲望强烈。因婴幼儿心理发育特点，部分婴幼儿在参与运动中或者由于畏惧、恐慌或害羞而犹豫不决，导致错误动作形成，从而引发安全事故；或者由于过分好奇和异常兴奋，导致不知道自己是否已经处在危险的境地或是否做出了一些具有较高危险系数的动作；或者由于乐于挑战而没有按照教师的标准要求完成动作；或者由于注意力不集中或集中持续时间不长，不能很好地控制自身，而提高了发生安全风险的概率。这些都是容易发生运动伤害的隐患。

（三）婴幼儿认知水平低，自我保护和保护他人意识弱

婴幼儿年龄小，对安全教育知识的接受能力十分有限，自我保护和保护他人意识弱，容易导致意外事故的发生。例如，有的婴儿在爬向目标过程中碰到某些尖锐物品不知道躲避，不会改变前行方向；有的幼儿玩滑梯时，因对方挡路而故意推人；有的幼儿玩跷跷板时不顾另一端的小伙伴，突然起身走开；有的幼儿因喜欢的器械被别人先拿，就与同伴大打出手；等等。

（四）婴幼儿自身的不安全行为

0—3岁的婴幼儿处于初学翻身、站立、走、跑、跳的阶段，由于无法熟练地完成这些动作且缺乏安全意识，在该阶段容易出现摔下床、摔倒等现象，需要家长进

行婴幼儿的活动监护。在幼儿园进行活动的前后，教师都应组织幼儿有序集合，按照预先设定的活动目标及要求来进行户外体育活动，但是有一部分幼儿经常违反教师事先规定的要求，做出一些不安全的动作或行为。例如，篮球活动时，有的幼儿拿着篮球从台阶上跳下来，一不小心没有站稳，摔了一跤，扭伤了脚。滑滑梯时，排队等候的幼儿着急走上楼梯，还没有等前一个幼儿起身，就滑了下去，撞到了前面的小朋友，导致其没有站稳而摔伤。

（五）特殊体质婴幼儿

特殊体质婴幼儿包括特殊病史婴幼儿、过度肥胖婴幼儿、过度瘦弱（体弱）婴幼儿、患病带伤或者伤病初愈婴幼儿等。这些特殊体质婴幼儿容易因肌肉力量较弱、反应迟钝、身体协调性差等原因导致运动伤害。

二、教师因素

（一）教师安全防范意识不强，缺失安全预案

幼儿活泼好动，但缺乏生活经验，身体发育不完善，无法辨别安全性问题，这时候就需要经验丰富的教师在旁正确指导。调查发现部分幼儿教师对运动安全知识不重视，缺乏在实际游戏活动中对安全隐患的预判能力，组织幼儿户外游戏活动时，把发生的意外事故，如推、抢、碰撞当作偶然事件，事故发生后不会梳理总结缘由，极少与幼儿探讨事故发生的缘由及如何处理，导致意外事故仍继续发生。

案 例

爬人字梯受伤了

某一天下午，幼儿园教师组织幼儿做户外区域的人字梯攀爬、走平衡木活动，觉得幼儿玩了很多次攀爬，都比较熟练，就重点关注走平衡木活动去了。部分幼儿在攀爬人字梯时等前面的幼儿时间过长，就开始催促，前面的幼儿匆忙下人字梯，导致梯子被带倒而压在前面幼儿的身上，使其后背受伤。该案例反映了教师安全防范意识不强，对安全重点把握不清晰。

（二）教师安全技能缺乏，责任心有待加强

教师只有热爱幼儿才会有责任心，才会计划周密的安全保护对策。一个没有责任心的幼儿教师不是一个称职的教师。当然仅仅只有爱心和责任心是不够的，教师还要掌握丰富的安全专业知识和熟练的安全保护技能，如对幼儿身体和运动情况的

准确判断的能力、对各种运动危险准确预测的能力、对紧急伤害事故进行正确初步处置的能力等。

案 例

两位小朋友的脸被抓花

幼儿园教师组织幼儿进行户外游戏活动——玩大型玩具，主班教师看幼儿玩得正起劲，就与配班教师闲聊，这时听到幼儿的哭喊声。乐乐在玩大型玩具时与同伴因为抢器械发生争吵，大打出手，两位小朋友的脸都被抓花了。家长下午来园接孩子时，看见孩子的伤势心疼不已。在了解事情的原委后对带班教师大声斥责，园长介入后方才平息家长的怒火。从该案例中可以发现，因为带班教师的疏忽和责任心不足，对幼儿进行游戏活动时观察指导不严谨，所以才导致事情严重化。

（三）教师专业组织能力不足，教育理念、方法没有与时俱进

幼教机构教师在组织体育游戏活动时组织能力弱导致幼儿出现运动安全隐患。例如，运动内容不适宜、运动负荷过大、组织队形不合理，使幼儿运动时相互干扰，出现伤害事件。在进行运动时，充分的准备活动是非常必要的。准备活动不充分，肌肉和关节未活动开，在剧烈的运动中就容易造成伤害事故。教师在组织幼儿体育活动时要及时提醒其相关的注意事项，充分热身，采取必要的保护措施，对技术动作讲解及示范要到位。

不少幼教机构在组织幼儿户外运动时，活动内容不外乎一些大型器械和幼教机构购买的简单的塑制玩具，或者是一些较常见、难度低的小游戏。教师组织游戏活动的方法单一，没有创新，游戏内容单调乏味，严重影响幼儿参与的积极性。在游戏规则上，大多数教师只在游戏活动开始前口述游戏规则，简单演示，幼儿活动时经常出现违反规则的情况。而教师们很少考虑到幼儿的发展需求，只是单纯地组织幼儿进行了一次户外活动，阻止幼儿真实意外发生的情境实践少，无法加深幼儿对自身安全意识的印象。幼儿自身的理解能力、表达能力较弱，对危险的判断能力差，危险到来时不会自我保护，因而幼儿的安全需要放在首位。但多数教师因为害怕意外事故的发生，所以对幼儿进行束缚教育。在组织幼儿进行活动的时候，对其严加看守，一旦幼儿超出了自己的管理视线，就马上制止幼儿的行动，限制了幼儿的自由。

三、幼教机构因素

（一）幼教机构运动安全管理制度不完善

婴幼儿的安全重于泰山，幼教机构的首要任务就是做好安全工作。要想顺利、

有效地实施安全工作，就需要一套完善、可行的组织制度做基础。因此健全的运动安全管理制度，是做好幼教机构运动安全工作的保证和前提。但是不少幼教机构对运动安全制度重视不够，对安全责任人的落实、户外区域责任人的分工、场地器材的安全检查、运动伤害事故处理流程等一系列制度存在缺失或者不完善现象，出现问题时不知如何第一时间紧急处理。

（二）幼教机构运动场地小，规划不合理

幼教机构运动场地是婴幼儿参与运动的基础和前提，随着城市建设用地日趋紧张，幼教机构的运动场地面积不足，导致人多面积少，婴幼儿在同时进行游戏活动时容易发生碰撞，存在一定的安全隐患，并且相应的运动场地安全配套设施也不完善。同时，运动场地划分不合理，如走平衡区与玩球区相邻，球经常滚到平衡区，导致相互干扰，增加了安全隐患。

（三）幼教机构运动器材设施少而陈旧，维护不及时

运动器械可以锻炼以及提高婴幼儿的身体素质。教师灵活运用器械，科学、合理、有效并安全地组织婴幼儿进行体育运动，不但可以激起婴幼儿参与游戏活动的兴趣，更能提高婴幼儿身体的协调性、力量、柔韧性等身体素质，发展婴幼儿在运动中的创造性与社会性等综合素质。一般幼教机构的大型器材种类较多，但是数量较少，不能满足全体婴幼儿参与的需要。幼教机构都拥有一架或多架滑梯，沙池、绳网、攀岩墙、荡桥等也是目前幼教机构常见的大型运动器材。但因游戏活动场地在室外，这些器械受天气影响，长年累月地被风吹日晒，幼教机构又缺乏妥善保管能力，所以会有陈旧老化等现象，最终导致器械螺丝松动，出现破损、不牢固等安全隐患。

案　例

攀爬网游戏中的哭声

幼儿园教师组织幼儿进行户外游戏活动。来到草地上，幼儿看见攀爬网等器械都非常兴奋，都你争我赶地往那儿跑。教师看着幼儿的兴奋劲也没过多阻止，不一会儿就传来一阵哭声。苹果小朋友趴在地上在哭，教师意识到幼儿肯定受伤了，赶紧检查。当拉起她的裤腿时，教师发现幼儿膝盖处有肿块，还走不了路。幼儿被送到医务室检查，小腿骨折，需要住院。后来教师在攀爬网区域检查，发现一根钢管生锈折断了。

幼儿园大型玩具会引起幼儿的跌倒、坠落。跌倒是幼儿意外伤害的主要原因，因此幼儿园应保持地面干燥以防滑倒，避免使用锐利的教学设施和教具，以避免跌倒后的严重创伤。教师疏忽、幼儿园安全管理漏洞则是引发幼儿在幼儿园意外伤害甚至死亡的最重要的原因。

四、家长因素

（一）家长缺少婴幼儿安全防护知识

家长缺少婴幼儿早期发展的指导，对相关婴幼儿安全防护知识缺失，防护意识薄弱。

（二）家长在教育观念上"重智轻体"

家长作为婴幼儿的第一监护人，肩负着教育婴幼儿的重要使命。在我国，多数家长对幼儿期望过高，导致家长过多关注幼儿的学习成绩而忽视了幼儿的运动。不少家长认为幼儿的"玩"耽误了学习时间。虽然有些家长意识到了运动的重要性，但一旦面临升学压力时，又加入了全力开发幼儿"智力"的队伍中。在家长这种教育观念的压力下，有些幼教机构为了迎合家长的要求，不得不缩减户外运动，来加强幼儿的"知识"教育。

（三）家长自身缺乏运动安全技能，过度保护

部分家长很少参与运动，运动经历和体验非常之少，缺少风险预判能力和运动安全技能，不知道如何保护运动中的婴幼儿。同时，由于家长溺爱和过度呵护，导致幼儿的实践和锻炼的机会较少，对成人的依赖性过强，以致无安全意识和自我保护意识。例如，有些家长害怕幼儿在参加攀爬、悬垂、跳跃等具有一定挑战性活动时可能会受伤，家长也缺乏进行保护的能力，因此不敢让幼儿越雷池半步。家长也许保证了幼儿的安全，但因包办幼儿的一切，扼杀了幼儿的锻炼机会和创造能力，扼杀了幼儿独立自主的勇气和能力。

知识链接

婴幼儿的手臂脱臼

婴幼儿手臂脱臼其中不少是被大人不小心拉伤所致的。由于婴幼儿肘关节处

---

① 樊婷婷、梁小丽：《近二十年来我国幼儿园意外伤害研究》，载《宁波大学学报（教育科学版）》，2018（4）。

的韧带松弛、薄弱，发育尚不完整，在被牵拉时容易发生脱位。这种情况以1—3岁幼儿多见。在日常生活中，最容易导致脱臼外伤的情况有：家长拉着婴幼儿手臂上楼梯；婴幼儿要跌倒时，家长猛地用力拉住他的手；家长牵拉婴幼儿双手玩耍或荡秋千；家长给婴幼儿穿衣服把手从袖口抽出时；等等。因此，家长在扶婴幼儿时，应该抓住他的肘关节或上臂部位，尽量避免直接牵拉婴幼儿的手或是拽手腕。婴幼儿一旦出现关节脱臼的情况，切忌随意按摩患肢，需及时带其到专科医院处理，以免错过最佳治疗时机。若婴幼儿已经存在习惯性脱臼的现象，则更应加强预防。

五、环境因素

体育运动与环境的因素有着非常密切的联系，自然环境和精神环境都会引起运动环境的改变。因此，要关注外部环境的因素，选择适合的锻炼条件，营造良好的氛围，才能起到好的运动效果。

（一）自然环境对婴幼儿运动存在显著影响

近些年，全球大气污染愈演愈烈，屡次出现重度雾霾、沙尘暴、高温、暴雨等灾害天气，给幼教机构户外活动的正常开展造成了严重威胁。

1. 气温对婴幼儿运动的影响。

人的正常体温是36～37.5℃。参加体育活动时，人体会产生热量，特别是剧烈运动能比一般运动热量增加几十倍。产生这么多的热量，如果蓄积在体内就会使体温升高，引起一系列的机体失调，甚至休克，而在高温下是不利于体内热量向外散发的。因此在高温下进行体育活动，必须采取相关措施，否则就会有患热射病的危险。

而在低温下，人体肌肉的黏滞性增大，伸展和弹性降低，工作能力下降，更容易引起损伤。为了避免低温给婴幼儿运动带来不利的影响，在运动前一定要做好准备活动，并延长热身活动的时间。在低温情况下，提醒婴幼儿不能张大嘴巴呼吸，避免冷空气直接刺激喉咙而引起呼吸道感染、咽喉痛和咳嗽。还要注意耳朵、双手、双脚的保温，防止冻伤。在运动时不要穿太厚的服装，以免在运动时因出汗较多而致运动后感冒。运动后要及时穿衣保暖。

2. 太阳辐射对婴幼儿运动的影响

不同时节的太阳辐射强度不同。参加体育活动时，皮肤过度暴露在强烈的阳光下对人体会产生很大的伤害。过量的紫外线照射可使局部皮肤毛细血管扩张充血，表皮细胞破坏，导致皮肤发红、水肿、出现红斑，还可能引起光照性皮炎、眼炎、头痛、精神异常等症状。当人体长时间受强烈阳光的照射时，体温会上升，引起全身机能失调。因此要尽量避免在强烈的阳光下进行体育活动。

3.雾霾对婴幼儿运动的影响

若在雾霾天气下进行体育活动，婴幼儿吸进的有害气体会比平常多，会引起咳嗽、胸闷、呼吸不畅等症状，甚至引发支气管炎、肺炎、哮喘、过敏性鼻炎等呼吸道疾病。在雾霾的环境下，能见度降低，婴幼儿进行户外体育活动很可能由于视线受阻而发生各种意外伤害事故。因此，在雾霾天气婴幼儿应选择在室内场馆进行体育活动，室内场馆在婴幼儿进入活动室之前应完成通风。教师也要更加关注婴幼儿运动的状态和反应，婴幼儿如有不适，应及时停止运动，及时治疗。

（二）精神环境对婴幼儿运动存在潜在影响

精神环境，在这里也可以称其为教育心理环境，主要体现在婴幼儿运动中的氛围、师幼关系、同伴关系、保教人员之间的关系以及保教人员和管理者、家长之间的关系等。部分教师因担心婴幼儿在运动中发生人身意外，避免由此可能造成的麻烦与纷争，在活动组织过程中往往采取一些比较极端的做法。例如，当幼儿探索一些器械的新玩法时，教师一旦发现该行为对幼儿运动机能有一定挑战，往往会立即制止；在运动中如幼儿不小心撞倒同伴，就会遭到教师的严厉呵斥；在户外游戏中一旦幼儿违反游戏规则，教师往往会采用一些不恰当的言语吓唬幼儿。上述行为容易造成紧张、高压的活动氛围，不利于幼儿健康情绪的发展，不利于幼儿积极愉快地参与运动。

小　结

本章阐述了关于婴幼儿运动安全与保护的基本理论知识。加强婴幼儿运动安全与保护对更好地开展婴幼儿运动有着非常重要的意义。了解掌握婴幼儿运动安全与保护的目标是开展婴幼儿运动的依据。了解掌握婴幼儿运动安全与保护的内容和影响因素，能形成正确的婴幼儿运动防护意识，有效指导婴幼儿运动的科学开展。

关键术语

身体素质　　动作发展　　运动负荷

思考与练习

一、简单题

1. 婴幼儿运动安全与保护的意义是什么?

2. 婴幼儿运动安全与保护的目标是什么?

3. 婴幼儿运动安全与保护的影响因素有哪些?

4. 婴幼儿自身有哪些特点容易造成运动安全隐患?

5. 哪些环境因素对婴幼儿运动安全造成威胁?

二、实践与练习

1. 列举不同环境因素对婴幼儿参与体育游戏活动的影响,并说明可采取的应对方式和注意事项都有哪些。

2. 请分析幼儿体育游戏"捉尾巴"活动中容易出现哪些安全隐患,并思考该如何消除。

拓展阅读

为贯彻落实《国务院办公厅关于促进3岁以下婴幼儿照护服务发展的指导意见》(国办发〔2019〕15号)精神,国家卫生健康委组织编写了《托育机构婴幼儿伤害预防指南(试行)》。本指南适用于经有关部门登记、卫生健康部门备案,为3岁以下婴幼儿提供全日托、半日托、计时托、临时托等托育服务的机构。本指南主要针对窒息、跌倒伤、烧烫伤、溺水、中毒、异物伤害、道路交通伤害等3岁以下婴幼儿常见的伤害类型,为托育机构管理者和工作人员在安全管理、改善环境、加强照护等方面开展伤害预防提供技术指导和参考。

第二章
婴幼儿运动安全的预防工作

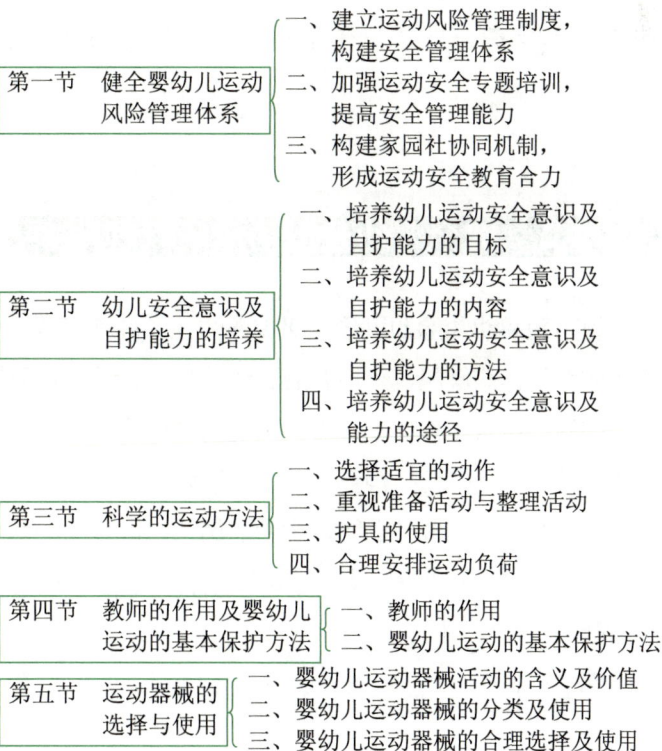

学习目标

1. 理解健全婴幼儿运动风险管理体系的重要作用。
2. 了解培养幼儿安全意识及能力的目标、内容、方法及途径。
3. 掌握科学的运动方法。
4. 理解教师的作用及婴幼儿运动的基本保护方法。
5. 掌握婴幼儿运动器械的选择及使用。

思维导图

第二章　婴幼儿运动安全的预防工作

第一节　健全婴幼儿运动风险管理体系
- 一、建立运动风险管理制度，构建安全管理体系
- 二、加强运动安全专题培训，提高安全管理能力
- 三、构建家园社协同机制，形成运动安全教育合力

第二节　幼儿安全意识及自护能力的培养
- 一、培养幼儿运动安全意识及自护能力的目标
- 二、培养幼儿运动安全意识及自护能力的内容
- 三、培养幼儿运动安全意识及自护能力的方法
- 四、培养幼儿运动安全意识及能力的途径

第三节　科学的运动方法
- 一、选择适宜的动作
- 二、重视准备活动与整理活动
- 三、护具的使用
- 四、合理安排运动负荷

第四节　教师的作用及婴幼儿运动的基本保护方法
- 一、教师的作用
- 二、婴幼儿运动的基本保护方法

第五节　运动器械的选择与使用
- 一、婴幼儿运动器械活动的含义及价值
- 二、婴幼儿运动器械的分类及使用
- 三、婴幼儿运动器械的合理选择及使用

忙碌的李老师

户外体育活动时间是孩子们最活跃、最快乐的时间,却是李老师最揪心的时刻:瞧,洋洋跳了一会儿绳,就拿着跳绳甩来甩去练起了"武功",差点打在其他小朋友身上;多多骑小车时,由于车速太快,又不能很好地控制自己的身体,以致跌倒在地,磕破了膝盖;小欢热心地在秋千后面推着童童,结果用力过猛,童童一下子从秋千上跌了下来;小辉埋着头跳羊角球,完全不顾周围的同伴,结果和正在奔跑的月儿撞到了一起。每到这时,李老师就像救护车,一会儿跑到这里扶起跌倒的孩子,一会儿又跑到那里检查幼儿的伤势,同时还要兼任"警察",禁止不良行为,判断谁对谁错,忙得焦头烂额。

李老师为何会如此忙碌?有什么办法能改善这一状况吗?

安全是人类最基本、最重要的需求,安全就是生命。《幼儿园教育指导纲要(试行)》明确指出:"幼儿园必须把保护幼儿的生命和促进幼儿的健康放在工作的首位。"体育活动是幼儿最喜欢的活动之一,也是最容易出现事故和危险的活动,因此,防患于未然显得尤为重要。本章将围绕健全婴幼儿运动风险管理体系、幼儿安全意识及自护能力的培养、科学的运动方法、教师的作用及婴幼儿运动的基本保护方法、运动器械的选择与使用来阐述婴幼儿运动安全的预防工作。

第一节　健全婴幼儿运动风险管理体系

为防范婴幼儿运动风险,保护婴幼儿、教师和幼教机构的合法权益,保障幼教机构体育工作的健康、有序开展,幼教机构把运动风险防控作为教育管理与督导的重要内容,纳入工作计划,参照《托育机构设置标准(试行)》《托育机构管理规范(试行)》《托育机构婴幼儿伤害预防指南(试行)》《学校体育运动风险防控暂行办法》,建立多部门协调配合、员工共同参与的适合本机构的风险防控制度和体育运动伤害事故处理预案,明确风险防控的具体内容和基本要求,落实防控责任和措施。

一、建立运动风险管理制度，构建安全管理体系

（一）制定运动安全管理制度

1.场地与器材设施分类管理，加强安全管理，随时巡查和定期维护

严格按照国家有关产品和质量标准选购体育器材设施，没有国家标准和行业标准的，应当要求供应商提供第三方专业机构的安全检测及评估报告。应当建立体育器材设施与场地安全台账制度，记录使用年限、安装验收、定期检查及维护情况。

体育器材设施应当严格按照安装要求，由供应商负责完成安装，安装完成后学校应当进行验收，验收结果记录在体育器材设施与场地安全台账中。

具有安全风险的体育器材设施应当设立明显警示标志和安全提示。需要在教师指导和保护下才可使用的器材，使用结束后应当专门保管；不便于保存的，应当有安全提示。教师自制的体育器材，应当进行安全风险评估，评估合格后方能使用。

对体育器材设施及场地的使用安全情况进行巡查，定期进行维护，根据安全需要或相关规定及时更新和报废相应的体育器材设施，及时消除安全隐患。

2.建立健康档案制度，了解婴幼儿健康状况

保健医定期体检，同时要求婴幼儿家长提供婴幼儿健康状况的真实信息。对不适合参与体育运动的婴幼儿，应当减少或免除其体育活动。同时配合教师做好婴幼儿在体育运动中的医务监督和观察。

3.制定体育教学活动、体育游戏等体育运动安全制度

教师在体育教学活动、婴幼儿体操、器械活动、体育游戏等活动前，应当认真检查体育器材设施及场地；活动中，应当强化安全防范措施，对难度较大的动作应当按教学要求，详细分解、充分热身，并采取正确的保护与帮助手段。

4.制订运动会、远足等大型活动安全管理预案

幼教机构组织开展亲子运动会、远足活动等大型体育活动时，应当成立安全管理机构；制订安全应急预案；检查体育器材设施及场地，设置相应安全设施及标识；设置现场急救点，安排医务人员现场值守；对幼儿和教师进行安全教育。大型体育活动需要第三方提供交通、食品、饮水、医疗等服务的，应当选择有合格资质的服务机构，依法签订规范的服务合同。

（二）确定管理职责，检查落实

1.明确各部门、各人员职责

明确教学管理、后勤等各职能部门的职责，组织和督促相关部门和人员履行职责，落实各自要求。

2.检查落实，问责到人

切实做好各项制度的落实，避免制度看上去健全，但不落实，停留在纸面上。了解婴幼儿运动的设备设施的安全隐患，并采取相应防范措施，做好班级玩具、场地、用具的日常全面排查，采取相应的防范措施，消除安全隐患，并做好充分预案。针对发现的问题及时反馈并处理，造成重大事故的，问责到人；定期总结存在的运动安全隐患、发生的运动安全事故，反思不足，立行整改。还可以邀请相关专家或者第三方对运动安全隐患进行排查或者评估，并针对问题进行整改。

（三）完善应对突发运动安全事故的措施（见图2-1）

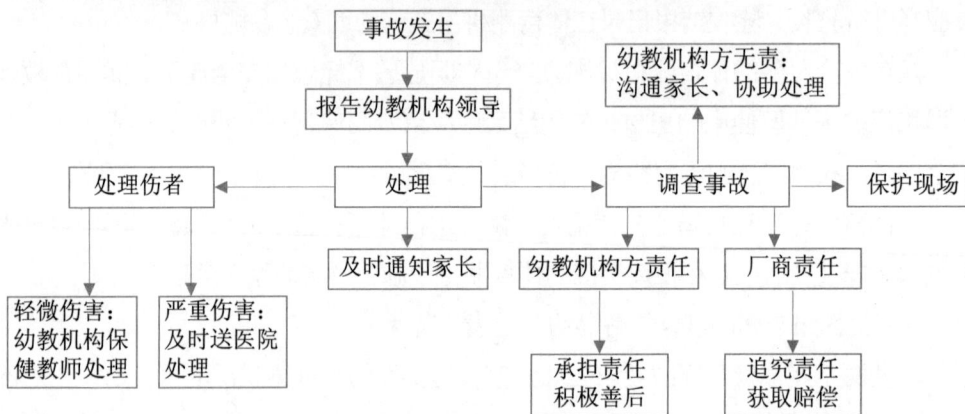

图 2-1 幼教机构大型玩具事故应急处理流程图

1.及时救助受伤婴幼儿，上报信息

及时护理受伤婴幼儿，并第一时间报告幼教机构领导；保健医。教师与保健医马上判断婴幼儿受伤的程度，程度轻的，先做简单处理；重的，需要马上送医院处理。

2.安抚婴幼儿情绪，稳定情绪

救助的同时安抚婴幼儿情绪，帮助他们消除恐惧；同时不指责、责怪伤害者，避免造成心理负担。

3.通报家长，与家长共同做好后续处理工作

及时通报家长，与家长及时沟通，做好家长的安抚工作。诚恳、客观、坦诚、详细地说明事件过程，以获取家长的理解；同时换位思考，体谅家长的心情感受，及时调整与家长的沟通策略。对受伤婴幼儿要及时给予关心和慰问。

4.分析反思，做好事件后期处理工作

事件发生后，幼教机构要认真、全面分析事件发生原因，分清责任，从中获取经验和教训，从而反思安全管理漏洞，加强安全管理，避免此类事件的再次发生。

运动事故发生前的风险识别预防是基础；事故发生时教师和相关管理人员的处

理及时最为关键；风险事故发生后教师与家长进行的有效沟通也很重要；事故处理后的慰问措施必不可缺。

（四）加强运动安全知识的宣传

加强运动安全知识的宣传，制订计划，借助定期、不定期的开学教育、校园网络、安全教育课等各种形式开展运动安全知识宣传。可以通过给幼儿、教师发放宣传手册、培训、体验式活动等来进行运动安全风险知识的普及，宣讲体育运动风险防控要求和措施，提高运动安全意识，引导幼儿和教师重视理解体育运动风险防范，积极提升应对能力。

幼教机构主动公示体育运动风险防控管理制度、体育运动伤害事故处理预案等信息，接受家长和社会的监督。

二、加强运动安全专题培训，提高安全管理能力

（一）提高教师体育活动安全知识专业水平

加强运动风险的识别、预判，加强运动保护、常见安全急救与处理等安全方面的专业知识学习，及时掌握安全专业相关前沿的教学理念、教学经验，指导安全知识教学，提高安全知识教学水平。

（二）提高保健医运动医务检查能力

保健医要参与婴幼儿运动的医务监督，了解婴幼儿的运动量、出汗、喝水、运动不适等状况，为婴幼儿科学运动保驾护航。因此需要加强保健医对婴幼儿运动过程中的医务观察能力，了解观察什么，怎么观察，并及时做出正确的处理（见表2-1）。

表 2-1　保健医观察婴幼儿户外运动的要点

内容	观察要点
运动准备	观察婴幼儿活动场地及各种器械的安全、婴幼儿衣服和鞋的适合度、材料充足情况
活动量	掌握运动时间和运动量，注意动静结合，分集体活动和分散活动，对体弱儿、肥胖儿要有照顾
活动时间	活动时间充足，每天运动时间不少于 2 小时
穿脱衣服	活动中提醒教师关注各班婴幼儿的衣服增减、戴摘帽等情况
如厕	教师要陪同有需要的幼儿到指定卫生间，制止幼儿自行前去
纸巾	教师要提前备好纸巾，为婴幼儿擦拭鼻涕和汗
擦汗	对爱出汗的婴幼儿，提前用其毛巾垫在脖子上
教师站位	教师站位科学、合理，不扎堆
特殊情况	大风、大雨、雾霾等极端天气，通知各班适当安排婴幼儿室内活动

三、构建家园社协同机制，形成运动安全教育合力

构建家园社协同育人机制，聚焦家长、社会关注的运动安全。构建三方协同机制，将其纳入幼教机构工作计划中。定期邀请家长、社区相关人员与幼教机构交流运动安全方面的事宜。

定期举办运动安全主题的半日开放，增强家长运动安全防范意识，让家长主动参与对幼儿自我保护能力的培养过程。

利用家长、社区资源，邀请身为保健医、运动员、教练等的特殊家长以及社区的消防员、安全员、社区民警等来幼教机构为家长、幼儿开展运动安全常识讲座。

第二节　幼儿安全意识及自护能力的培养

0—3岁以前的婴幼儿对安全意识及自护能力十分模糊淡薄，因此，该时期需要家长或者早教师主动承担婴幼儿在运动过程中的监护作用，3岁以后的幼儿逐渐掌握并能熟练基本运动技能，变得更加活泼好动，在运动过程中经常会发生碰撞、损伤等现象，需要家长和教师共同引导和培养建立幼儿在运动中的安全意识及自护能力。

活泼好动是幼儿的天性，他们喜欢户外体育活动，热爱各种身体运动。在奔跑、跳跃、钻爬、攀登时，由于幼儿年龄小，动作的灵敏性、协调性以及身体控制能力较差，又缺乏生活经验，常常不能清楚地预见自己行为的后果，对突发事件的应对和处置能力有限，难免会跌倒、碰伤，或者将抛接的物品落到自己或同伴的身上，导致在户外活动和体育运动中很容易发生安全事故。千般呵护不如自护，只有让幼儿提高安全意识，学会自我保护技能，才能变消极躲避为积极预防，把各种安全事故发生的可能性降到最低。

因此，结合幼儿的年龄特点和已有认知，培养幼儿在运动中的安全意识和自护能力，帮助幼儿学会安全运动、快乐运动就显得尤为重要。

一、培养幼儿运动安全意识及自护能力的目标

培养幼儿运动安全意识及自护能力，旨在帮助幼儿建立起运动中的安全防护意识，引导幼儿掌握运动安全的基本常识与技能，学会遵守有关运动的安全要求和规则，激发幼儿参与体育活动的兴趣，提高自我保护能力，预防和减少运动中的伤害。《3—6岁儿童学习与发展指南》对不同儿童年龄阶段运动安全知识及自我保护能力的目标提出了具体的要求，详见表1-1。

（一）帮助幼儿建立起运动中的安全防护意识

幼儿由于年龄小，对危险因素缺乏认识，不知道什么东西能碰、什么东西不能碰，意识不到自己的行为所带来的后果；加之其活泼好动，好奇心强，对任何事情都想自己亲自尝试，比较容易发生各种意外伤害事故。因此，教师应帮助幼儿树立安全和自我保护的意识。教师应从幼儿自我保护能力较弱的特点出发，有意识地通过玩游戏、看图画、读儿歌、讲故事、互相讨论、体验式活动等多种幼儿感兴趣的形式，多角度地进行运动安全教育。例如，教师在教幼儿学唱安全教育儿歌时，就可以采用先为幼儿播放安全类儿歌视频，再在组织幼儿上下楼梯时，引导幼儿练唱儿歌："走廊过道慢慢行，一个一个排序走，上下楼梯靠右行，扶好扶手不推拉。"在组织户外集体大型器械活动时，教师可以和幼儿一起唱："滑滑梯，慢慢行，你先我后不争抢。"这样能帮助幼儿理解安全常识，提高幼儿自我保护能力。

强调危险动作的不良后果，同时让幼儿了解、熟悉并适应周围的环境，知晓周围各类危险因素的危害，提醒幼儿在活动中需要注意些什么，提出一些具体的要求，该做什么、不该做什么。例如，折返跑的时候，要求是往回跑时从另一边回来，前面的幼儿没回来的时候，第二个幼儿不能够马上跑出来，教师要反复提醒，反复教育。在具体的活动中还可以对幼儿进行即时教育，根据幼儿在体育中的实际情况，进行指导。有的幼儿在体育活动中喜欢奔跑追逐，这个时候，教师就要走到他的身边，告诉他这样是很危险的。只有在这种出现安全隐患的时候进行指导，幼儿的安全意识才会被不断加强，安全习惯也会潜移默化地形成，在下次活动的时候就会减少类似的情况，在体育活动中做到真正的安全。

（二）引导幼儿掌握运动安全的基本常识与自我保护方法

运动安全基本知识和技能是幼儿进行安全活动的前提和保障。教师应教会幼儿一些必要的运动安全常识，让幼儿知道活动前应检查自己的服装，系紧鞋带；口袋中不能夹带尖硬杂物，做好准备活动；知道在做激烈追捉跑、竞赛跑游戏之后，要适当走一走，或做一些放松动作，不能马上停下来；知道不做危险的动作；等等。同时在体育活动时，引导幼儿掌握自我保护的方法。例如，在不同场地训练幼儿进行安全自护，不同年龄阶段、不同活动场地的幼儿要分别进行安全自护。幼儿身体的灵活性、协调性还不够完善，容易发生摔倒、碰撞等问题。大型玩具的出口、通道比较多，幼儿在里面穿梭、攀爬、旋转，容易发生安全隐患。教师要引导幼儿熟悉这些场地、场景、各个出口、通道，提醒他们在活动的时候不要做危险的动作，引导幼儿遵守规则，轮流等待有秩序地玩游戏。

在活动中，教师要意识到可能存在的危险，引导幼儿及时地进行自我保护，让幼儿知道边界在哪里，要引导幼儿在合理的安全的范围内进行活动，保证幼儿自身的安全。例如，在一次活动中，有一块地方适合幼儿活动，但是旁边有一个小空地，不能进行活动，容易崴脚，有的幼儿不听要求，会跑过去玩耍。鉴于此种情况，教师可以让幼儿自己说说哪里可以去、哪里不可以去，帮助幼儿形成内驱力，有意识地知道该场地的活动范围，有效地引导幼儿安全活动。

（三）教育幼儿遵守运动的安全要求和规则

运动安全规则和要求是保证体育活动顺利进行的重要因素。在体育活动中，常规的缺乏往往导致幼儿意外受伤。户外体育活动对幼儿的吸引力比较大，活动场地也比较大，再加上一个班级幼儿人数比较多，幼儿自身身心发展又不够成熟，活动相对来说会比较混乱。例如，在体育活动中，教师会将许多体育器械，如球类、轮胎、绳子等分发给幼儿，幼儿往往会一拥而上，相互抢夺，不听教师的指令，整个活动场地变得非常混乱，这样容易发生安全事故。因此，在体育活动中对幼儿进行体育常规教育具有十分重要的作用，如用手势、肢体语言、哨声等可对幼儿活动进行调节，当幼儿在自由活动的时候，一听到哨声，就能根据指令回到相应的地方。

（四）丰富运动经验，减少运动伤害

幼儿年龄小，身体肌肉的力量不足，弹性、张力缺乏，因此，幼儿动作的平衡能力、敏捷性、灵活性都达不到自我保护的要求。在日常生活中我们可以看到，一些平常比较调皮、活泼好动的幼儿，无论是奔跑蹦跳还是钻爬攀登，动作都非常灵活、熟练，而且反应敏捷，相对来说磕磕碰碰就少一些；而那些平时很少运动的幼儿，动作就显得比较笨拙、迟钝，相对来说也就比较容易受伤。因此，需要鼓励幼儿多参加体育活动，锻炼体能，增强体质，丰富运动的经验，以提高自我保护能力，减少运动伤害。

知 识 链 接

研究表明运动经验减少运动伤害[①]

德国的《鼓励运动与事故发生率之间的关系调查》证明运动经验有助于减少危险。研究表明，因为运动中潜伏危险，幼儿不得不从中学习保护自己。幼儿如果缺少与年龄相应的运动经验，那么发生事故的可能性就会大得多。运动经验有助于幼儿能从中获得处理危险的知识，从而降低事故发生率。所以，幼儿活动得越多，就对自己的把握越大，也就越安全。鼓励幼儿参与多种形式的运动不仅不是引发事故的根源，反而是降低事故发生率的有效方式之一。

---

① 朱家雄主编：《游戏活动（2～6岁）》，15页，上海，上海世纪出版股份有限公司、上海教育出版社，2002。

二、培养幼儿运动安全意识及自护能力的内容

（一）着装安全

1. 教育幼儿运动要确保着装适宜。要穿运动服装、运动鞋，不穿有绳带的衣服、裙子参加运动；不穿皮鞋、凉鞋参加运动。

2. 教育幼儿运动前要检查自己的着装是否安全。衣服上不能佩戴纪念章、胸针等饰物；口袋内不能放钥匙、小刀等坚硬尖锐的小物品；衣服扣子要系好；秋衣最好塞进裤子里，避免在运动中露出小肚皮。鞋带一定要系好系牢，避免在运动 过程中被鞋带绊倒。

3. 教育幼儿运动时头上不要戴各种发卡。如果戴眼镜参加运动，做动作时一定要小心谨慎；做垫上运动时，必须摘下眼镜。

案 例

要命的帽衫带儿

中一班户外活动时，陈老师带领孩子们来到一个多功能组合滑梯上玩。见孩子们玩得正高兴，陈老师就低头看了一下手机。这时，有几个孩子慌慌张张地大叫："陈老师，陈老师，乐乐挂住了！"陈老师急忙赶过去，发现乐乐被帽衫上的一根细带子勒住了脖子，正挂在滑梯上端动弹不得。陈老师赶紧冲上滑梯把他抱下来。幸亏发现得及时。乐乐虽然没有受伤，但小脸憋得通红，脖子上也出现了勒痕。原来，乐乐从滑梯上滑下的一瞬间，帽衫上垂下的带子缠在了滑梯的柱子上，陈老师又没注意他，险些发生让人懊悔不已的重大事故。

（二）运动中的安全

1. 幼儿运动前要做好身体各个关节的准备活动，消除肌肉及关节的僵硬状态，预防受伤。

2. 向幼儿强调活动的规则与安全注意事项，让幼儿知道如何安全地玩，以免身体受到伤害。如听从教师的指令并在指定范围内活动；运动中感觉到累时要注意休息；活动中如果出现身体不适或损伤，要及时告诉教师；户外活动时不擅自离开队伍出走；等等。

3. 向幼儿强调运动中的安全注意事项及简单的防护措施。如走或跑时要注意躲避障碍物，不与他人相撞；从较高处往下跳时要屈膝做好缓冲；跳跃或快速奔跑时不说笑，不伸舌头；遇到危险时，会用左右跑开、抱头、抱肩、蹲下等方法进行躲避；走平衡木时注意力要集中，不打闹；等等。各项运动的具体注意事项以及防护措施

详见本书的第三章"婴幼儿常见运动的安全与保护"。

4.教育幼儿运动结束后要做好放松操、散步等整理活动，这样有益于精神的放松和体力的恢复。剧烈活动后要稍做休息再喝水并要控制水量，以免加重身体负担。

（三）器械安全

1.教育幼儿玩器械时如果发现运动器械破损、松动或者变形，要立即停止玩耍，及时告诉教师，排除安全隐患。

2.教育幼儿掌握运动器械的正确使用方法。如掷沙包、骑小车、滚铁环、跳绳、抽陀螺时，要注意躲闪、避免被器材砸伤、撞伤、碰伤、甩伤等，并能考虑他人的安全，避免器材伤及他人。

3.教育幼儿遵守玩耍运动器械的规则和秩序。如玩滑梯、秋千、荡船、转椅或攀登架时要扶好扶手，要有秩序地玩或轮流玩，不相互拥挤或推拉，能按照安全要求和正确方法去做，不做危险动作等。

知 识 链 接

活动场地及大型活动器械的设计[①]

活动场地的设计：集体活动场地应尽量选择在日照、通风良好，远离道路的开阔位置，同时远离大型器械。场地应地势平坦，排水畅通，同时应选择在软质地面处，这样可降低幼儿意外摔倒带来的伤害。

大型活动器械的设计：大型器械应该放在草地或软质地面上，且固定良好，避免特殊情况下器械倒塌对幼儿造成伤害。同时为避免幼儿游戏过程中磕碰器械造成伤害，应将器械设置在通行方便的边缘地带。另外，在大型器械周边场地应该充分利用减震材料，以减少幼儿摔倒后的损伤。

三、培养幼儿运动安全意识及自护能力的方法

（一）环境渗透法

环境是无声的教师，能让幼儿在潜移默化中受到教育，受到熏陶。幼儿年龄小，在体育活动中常常因过于兴奋而忘记规则的存在，忘记动作的要求，忘记玩法的规范等。这时，图文并茂的安全标志就能有效提醒幼儿安全规范，如楼梯口的"不要

---

① 徐晗、胡洁：《基于幼儿发展特征的幼儿园室外环境安全性设计研究》，载《西部教育》，2017（30）。

拥挤"和"不要奔跑"的标志，滑梯处"禁止头朝下"和"不推搡"的标志，荡桥和秋千的铁环处的"禁止用手触摸"的标志。教师和幼儿还可以共同设计制作安全标志，对运动器械的正确使用方法、注意事项、不可以出现的危险动作或可能出现的危险等进行标示，让幼儿在遇到突发情况时，根据现场的情况与标志，对照自己的行为进行调整和解决，在生动有趣、简单易懂的安全标志的提示下有效地预见危险、排除危险、保护自己。

（二）主题活动法

教育活动是幼儿一日活动的重要环节，也是安全教育的有效方法。开展生动有趣的主题活动，能让幼儿丰富生活经验，增强安全意识，提高自我保护能力。如幼儿园小班主题活动"能干的我"，通过"安安全全玩滑梯""橡皮膏小熊""走路向前看"等系列活动，让幼儿培养安全自护意识；中班主题活动"安全标志大揭秘"，通过观看多媒体课件、收集标志、组织讨论、制作标志等，让幼儿学会辨别各种安全标志，提高预见危险保护自己的能力；大班主题活动"安全运动"，通过"穿戴什么去运动""游泳池里的故事""我是安全检查员"等活动，让幼儿查找日常生活中的安全隐患，增强自我保护意识。

（三）活动体验法

活动能让幼儿亲身经历一些过程，增加体验，可以达到很好的安全教育效果。如为了让幼儿在活动中亲身体验遵守规则带来的便利和乐趣，同时明白不遵守规则带来的危险和隐患，在玩荡桥时，教师可示范手不扶桥沿、在荡桥上乱晃、过桥速度太快等危险过桥方式，并请几个"调皮"的幼儿试一试，说一说感受，然后再示范两只手分别扶住桥的两沿，平衡身体，一步一步踩住木板往前走的正确过桥方式，最后指导全体幼儿正确过荡桥。幼儿经过前后对比的亲身体验，更能明白遵守规则和要求的重要性，进一步掌握安全运动的技巧和技能。对一些危险性不大的活动，可鼓励幼儿大胆体验，找出最佳的行为方式。如玩跷跷板时，把幼儿分成两组，一组不提任何要求自由地玩，另一组按教师提出的要求玩。两种行为结果的对比使幼儿懂得：只有遵守游戏规则，才能玩得好，玩得有趣，不会撞倒碰伤，不出事故。

（四）随机教育法

教师可利用幼儿生活中的所见所闻，以及经常发生的一些事件进行实例分析和随机教育，让幼儿知道什么事情可以做，什么事情不可以做，让他们知道一些引起危害的原因，学习一些简单的自护动作和方法。当幼儿参加户外体育游戏活动，教师发现幼儿出现潜在危险行为时，应及时进行干预或立即制止，并暂停活动进行指导，告知他们可能出现的危险和可能造成的危害，让幼儿及时了解并全面掌握。此外，教师也可巧妙地运用已发生的典型案例，现场开展安全知识教育，引导纠正幼儿出现的错误，增强他们判断危险、处理突发问题的能力。如幼儿在户外活动时低头向前猛跑，与同伴撞在了一起，教师要及时让幼儿讨论这样做的后果、怎样避免、哪些地方还容易出危险等，请他们自己设计安全标志并亲手粘贴，这样，幼儿印象非常深刻，在以后的活动中，就会注意自己亲手贴标记的地方，不用教师提醒也能主动注意安全。

（五）同伴互助法

户外活动中，一方面，一些能力强的幼儿有一些好的自我保护方法，教师要不断地发挥这些幼儿的优势，使更多的幼儿了解到哪些项目应特别注意安全，这样，其他幼儿就会不断学习能力强的幼儿在玩的时候的正确姿势和安全玩法；另一方面，当看到别人遇到困难或危险时，幼儿自己便会从中吸取教训，摸索保护自我的方法，增强自己的保护能力。此外，教师还应鼓励幼儿"以大帮小""以强帮弱"，让幼儿意识到活动中不但要做好自我保护，还可以帮助和保护他人，从而获得双重的喜悦感和成就感。

四、培养幼儿运动安全意识及能力的途径

（一）专门的运动安全教育活动课

《中小学幼儿园安全管理办法》明确规定"学校应当按照国家课程标准和地方课程设置要求，将安全教育纳入教学内容"，《幼儿园教育指导纲要（试行）》也指出，幼儿要"知道必要的安全保健常识，学习保护自己"，因此，教师要将安全教育列入教育教学计划中，根据幼儿身心发展特点，针对幼儿可能遇到的运动安全问题，选择贴近幼儿生活的内容对幼儿进行安全教育，落实安全教育规划和课时计划，让幼儿在学习和体验中获得安全方面的教育。

案　例

安全玩滑梯[①]

活动目标：

1.引导幼儿学会用正确的方法玩滑梯。

2.让幼儿知道用不正确方法玩滑梯容易造成伤害，初步培养幼儿的安全意识。

---

① 幼儿园快乐与发展课程编写组：《幼儿园快乐与发展课程 教师指导用书 小班》，45页，北京，北京师范大学出版社，2009。

活动准备：

1. 小兔、小熊胸饰若干，照相机。

2. 编排情境表演。

活动过程：

1. 导入活动，激发兴趣。兔妈妈："今天天气真好，小兔，妈妈带你们出去玩。看，那是谁？（小熊）它们在干什么？（滑滑梯）"

2. 观看情境表演，向幼儿介绍滑梯及其玩法。(1)熊妈妈是怎样教小熊玩滑梯的？为什么要这样玩？（2）人多的时候应该怎样玩滑梯？小结：玩滑梯人多时要先排好队，一个跟着一个，不拥挤推拉。从楼梯这边上去两手扶好了，一层层地往上爬。眼睛看好楼梯，爬到顶，坐稳后，两手扶着滑梯两边，两条腿并拢，再滑下来。如果不这样好好玩滑梯，做不正确的动作，就会发生危险。

3. 幼儿练习玩滑梯，教师指导幼儿按正确的方法玩滑梯。（1）兔妈妈："刚才我们看了小熊滑滑梯，你们会不会像它们那样玩？"（2）兔妈妈："孩子们，你们想不想再玩一遍？这次，你们玩的时候，妈妈给你们每个拍张照，看谁滑得好。"（及时纠正幼儿不正确的动作，鼓励幼儿用正确的方法玩滑梯）

活动建议：

1. 此活动宜安排在开学初进行，让幼儿一开始就掌握玩滑梯的正确方法。

2. 日常生活中幼儿玩大型运动器具时一定要有成人保护，引导幼儿正确地玩各种运动器械，逐步在活动中培养幼儿的安全意识。

（二）日常生活的渗透与强化

培养幼儿运动安全意识及能力的一个途径是日常生活的渗透与提醒。幼儿的室内外活动、体育游戏、运动器械活动等都是进行安全教育的好时机，要时时抓住机会对幼儿进行安全教育。要让幼儿明确一日生活中各个环节和各项活动的具体要求和安全规则，知道怎样做才安全、怎样做不安全。教师除了提出要求和教给幼儿方法外，还应注意督促和检查，经常提醒，使良好的行为表现不断得到强化，逐步形成自觉的行为习惯。

（三）构建家园共育互动机制

家庭是幼儿活动的主要场所，父母是孩子的第一任教师。因此，幼教机构在对幼儿进行安全教育的同时，还应要求家长的配合，共同负担起保护幼儿生命安全和健康成长的责任，两者要加强联系，相互理解，相互支持，彼此尊重，实现教育同步，形成家园教育合力，共同强化幼儿的自我保护意识，培养幼儿良好的生活习惯，深化安全教育。例如，幼教机构和家长都要充分意识到不良习惯和不当动作等对幼儿的伤害，双方要相互配合，长期坚持，反复强调，共同促进幼儿良好生活行为习惯的养成，让他们逐步认识到什么是安全的、什么是不安全的，以及不安全的后果，不断丰富其生活经验，使之主动避开危险。

另外，幼教机构应定期召开家长会，举办观摩活动和亲子运动会，吸引家长主动参与幼教机构的体育活动，促使家长认同幼教机构的培养要求和教育策略。当家长看到自己的孩子勇敢快乐地过梅花桩、攀登爬网、过障碍追逐跑等时，就会逐渐明白，幼儿的安全意识和能力不是在被动的等待和保护，而是在主动参与中获得的。家园合作，形成合力，共同解开束缚在幼儿身上的"绳"，使幼儿的自我保护意识真正得到提高。

第三节　科学的运动方法

《幼儿园教育指导纲要（试行）》明确指出："培养幼儿对体育活动的兴趣是幼儿园体育的重要目标，要根据幼儿的特点组织生动有趣、形式多样的体育活动，吸引幼儿主动参与。"生命在于运动，运动要讲求科学性，才能促进婴幼儿身心的和谐发展。以下主要从选择适宜的动作、重视准备活动与整理活动、护具的使用、合理安排运动负荷四方面来探讨科学的运动方法。

一、选择适宜的动作

（一）婴幼儿基本动作的含义

婴幼儿在5个月左右学会翻滚；8个月左右学会钻与爬；11个月到1岁半左右能逐渐独立行走；快2岁时开始学跑，跑得稳后开始学跳，逐渐接触攀登与悬垂；在3岁时基本掌握爬、走、跑、跳、投等粗大动作。3岁以后，幼儿的动作逐渐发展，可以进行丰富且多形式的动作模式的学习。这些是婴幼儿在日常生活和社会实践中需要的最基本的动作技能。

婴幼儿期是基本动作发展的重要时期，在各种动作技能的发展中，婴幼儿逐渐获得力量、耐力、速度、灵敏性、协调性等，从而使身体的各种机能得以完善。因此，适宜的动作练习是婴幼儿体育运动中极其重要的内容。

案　例

可怕的下腰

6岁的小溪是个漂亮的小女孩，她喜欢跳舞，也热爱跳舞，是舞蹈兴趣班的好苗子。一次，在进行下腰时，她突然感觉腰背部疼痛，双下肢麻木无力。父母赶紧把她送到医院，经诊断为急性骨髓损伤，双下肢运动感觉丧失，构成二级伤残。这与舞蹈教师没有掌握科学的幼儿运动方法，盲目给孩子施加外部压力有关。研究表明，8—10岁儿童骨骼、肌肉、关节才略微成熟，可以有限地进行胸腰、髋关节的柔韧性训练，儿童12岁以后，才适合舞蹈专业动作训练。

（二）适宜婴幼儿动作的基本要领及指导要点

1. 翻滚

翻滚是由卧位向直立位动作发育的中继，是更广泛接触外界空间的准备，打好这一基础，对今后的站、行有重要的作用。

（1）婴儿翻身动作的基本要领

身体从一个位置翻滚到另一个位置，需要身体的两个主要部分，头和躯干以及两组肢体，即手臂和腿之间一定程度的协调。

（2）婴儿翻滚的适宜动作（见表2-2）

表 2-2 婴儿翻滚的适宜动作

动作	练习形式	2—3个月婴儿	4个月婴儿	5—6个月婴儿	7个月婴儿	
翻滚	翻身	侧卧 – 仰卧	仰卧 – 侧卧	侧卧 – 俯卧	侧卧 – 仰卧 – 俯卧	
	翻滚				伴随躯干连续旋转的翻滚	

2. 钻与爬

钻是将身体紧缩，从较狭小的空间中通过的一种运动方式。钻的动作能增强婴幼儿腿部和腰背部的肌肉力量，发展婴幼儿动作的灵敏性、柔韧性及平衡能力等身体素质，同时在危急关头还能用于自救逃生。

爬是指运用上肢和下肢同时着地支撑的姿势，通过上下肢交替移动使身体移动的一种运动方式。爬的动作能增强头颈部力量、四肢力量、背肌力及腹部力量，还可以锻炼上下肢及躯干的协调配合，提高动作的协调性、灵敏性和耐力。

（1）婴幼儿钻与爬动作的基本要领

正面钻：身体面向障碍物，两腿屈膝下蹲，低头弯腰，紧缩身体（团身），两脚交替向前移动，从障碍物下方通过。

侧面钻：身体侧向障碍物，两腿屈膝下蹲，靠近障碍物的一侧腿从障碍物下方伸出，然后低头弯腰，紧缩身体，移动重心，使身体从障碍物下方通过，最后将另一侧腿收回后站起。

手脚着地爬：运用双手和双脚着地支撑的姿势，通过手和脚交替、协调配合的位移动作，使身体向前移动，头稍抬起，眼向前看。

匍匐爬：运用双肘和双膝着地支撑、身体俯卧在地面（或垫子）上的姿势，通过肘部与膝盖交替、协调配合的位移动作，使身体向前移动，头稍抬起，眼向前看。[①]

（2）各年龄段钻与爬的适宜动作（见表2-3）

表2-3　各年龄段钻与爬的适宜动作

动作	练习形式	0—1岁婴儿	1—3岁幼儿	小班幼儿	中班幼儿	大班幼儿
钻与爬	正面钻		正面钻过拱形门	正面钻过拱形门，正面连续钻过拱门	正面钻过长长的隧道	正面钻过长长的隧道
					侧面钻过拱形门	侧面连续钻过拱形门
	手膝着地爬	手膝着地爬	手膝着地爬	手膝着地爬	手膝着地爬	
	手脚着地爬		手脚着地爬	手脚着地爬	手脚着地爬	手脚着地爬
	障碍爬		爬越较低的垫子	爬越垫子	爬越一定高度的障碍物	爬越一定高度的障碍物
	匍匐爬				匍匐爬	匍匐爬

（3）婴幼儿钻与爬动作的指导要点

提供高低适宜的辅助器械以促使婴幼儿运用相应动作，如正面钻的器械空隙应在婴幼儿胸部以上、耳部以下，宽度大于婴幼儿体宽；侧面钻的器械空隙应在婴幼儿胸部以下。创造条件让婴幼儿多练习各种形式的爬的动作，并逐渐增加运动难度，注意发展婴幼儿动作的灵敏性和协调性。

3.走步

走步也称行走，是人体移动位置最基本、最自然、最容易和最省力的一种运动方式。婴幼儿经常走步能有效地锻炼下肢肌肉、骨骼、关节和韧带，提高身体的平衡能力和协调性，同时，对提高肌肉耐力和心肺功能都十分重要。

（1）婴幼儿走步动作的基本要领

上体保持正直，自然挺胸，头正颈直，眼看前方。两手臂前后适度自然摆动，

---

① 刘馨、张首文：《幼儿园健康教育资源　体育活动》，30页，北京，人民教育出版社，2018。

臂摆幅度随步幅而定，有一定节奏感。两腿交替向前迈步，步幅稳定，大小适宜；两脚落地要轻，脚跟着地后，将力量自然移至前脚掌，前脚掌着地向前，依次交替，尽量减少身体重心的起伏及摇摆。

（2）各年龄段走步的适宜动作（见表2-4）

表2-4　各年龄段走步的适宜动作

动作	练习形式	0—1岁婴儿	1—3岁幼儿	小班幼儿	中班幼儿	大班幼儿
走	扶物走	扶着家具或父母的手走				
	听信号走	听信号向指定方向走3～5步	听信号向指定方向走	听信号向指定方向走，一个跟着一个走	听信号有节奏地走，变速走、变换方向走	听信号有节奏地走，变换队形走
	花样走		模仿动物走	模仿动物走，踮脚走，倒退走	踮脚走，倒退走，闭眼走，蹲着走	闭眼走，蹲着走
	变向走		直线走，曲线走，圆圈走	直线走，曲线走，圆圈走，绕障碍走，四散走		
	持物走		持物走	捡物走，持物走，推物走，拉物走	持物走	持物走

（3）婴幼儿走步动作的指导要点

根据婴幼儿年龄特点和发展需要，选择适宜的走步内容，提出适宜的动作要求，逐步提高婴幼儿的走步能力。走步动作的讲解和示范要正确，走步练习的方法和内容要多样化、趣味化。家园合作，尽量少抱婴幼儿，少乘车，让婴幼儿有机会进行一定距离的步行，加强日常锻炼。

4.跑步

跑步是人体移动最快的一种运动方式，也是锻炼幼儿身体的重要手段之一。跑步时几乎全身各部位的肌肉都参与其中，可以有效地增强下肢的肌肉力量，提高速度、灵敏性、耐力及协调性，又有着较大的运动负荷，对于内脏器官的调节也非常明显。

（1）幼儿跑步动作的基本要领

上体保持正直，稍向前倾，眼看前方。两手臂前后自然摆动，快跑时用力摆臂，速度加快。两腿交替向前迈步，步幅大小适宜；两脚落地较轻，后腿用力蹬地。用鼻子呼吸或用口鼻同时呼吸。

（2）各年龄段跑步的适宜动作（见表2-5）

表 2-5　各年龄段跑步的适宜动作

动作	练习形式	1—3 岁幼儿	小班幼儿	中班幼儿	大班幼儿
跑	听信号跑	听信号引导其向指定方向跑	听信号向指定方向跑	听信号变速跑，变换方向跑	听信号变速跑，变换方向跑，突跑，突停
	花样跑	一个跟着一个跑	一个跟着一个跑，在指定范围内四散跑	往返跑，接力跑，四散躲闪跑，追逐躲闪跑	往返跑，接力跑，追逐躲闪跑
	变向跑	直线跑，曲线跑	直线跑，曲线跑，圆圈跑，绕障碍跑	曲线跑，圆圈跑，绕障碍跑	
	持物跑	持物跑	持物跑	持物跑，推物跑，拉物跑	持物跑，推物跑，拉物跑
	距离跑	慢跑50米左右	快跑15米左右，慢跑100米左右	快跑20米左右，慢跑200米左右	快跑25米左右，慢跑300米左右
	协同跑				双人协同跑

（3）幼儿跑步动作的指导要点

教师根据幼儿的身体状况、年龄特点及季节气候等因素，为幼儿选择适宜的跑步类型，合理安排活动量，避免过度疲劳。幼儿跑步前要做好准备活动，尤其是下肢与脚步的肌肉、关节和韧带；跑步后应安排放松、整理活动，以恢复心率、保护心脏。跑步中提醒幼儿注意安全，及时躲闪，不相互碰撞。

5.跳跃

跳跃动作对幼儿来说具有较强的实用性和挑战性，是幼儿非常喜欢的一种活动方式。跳跃对于发展幼儿的下肢爆发力、弹跳能力、协调性、灵敏性、耐力等都有着很好的促进作用。

（1）幼儿跳跃动作的基本要领

预备阶段：屈膝，体前屈，两臂后摆；也可做短距离中速跑的助跑动作。起跳阶段：双脚起跳可双腿屈膝，双腿快速用力蹬直起跳，同时两臂快速用力由后向前摆起；单脚起跳可起跳腿快速用力蹬直，摆动腿快速向前方迈出，幅度要大，手臂配合用力摆起。腾空阶段：保持身体平稳，或同时迈过、跨过障碍物，或用手、头触碰上方物体。落地阶段：落地动作要轻，屈膝缓冲，保持身体平稳。

（2）各年龄段跳跃的适宜动作（见表2-6）

表2-6　各年龄段跳跃的适宜动作

动作	练习形式	1—3岁幼儿	小班幼儿	中班幼儿	大班幼儿
跳	纵跳	原地纵跳	原地纵跳，纵跳触物	纵跳触物	纵跳触物
	双脚跳	双脚连续向前跳	双脚连续向前跳，双脚连续跳过低障碍物，立定跳远	双脚连续向前跳，双脚连续跳过低障碍物，立定跳远	双脚连续向前跳，双脚连续跳过较低障碍物，立定跳远
	单脚跳		单脚连续向前跳	单脚连续向前跳	单脚连续向前跳
	单双脚跳			单双脚交替跳，双脚开合跳	单双脚交替跳，双脚开合跳，行进侧跳，转身跳
	向下跳	从较低处（10～15厘米）往下跳	从较低处（15～25厘米）往下跳	在一定高度（20～30厘米）上往下跳	在一定高度（30厘米）上往下跳
	器械跳		跳蹦蹦床等	跳蹦蹦床、羊角球等	跳蹦蹦床、羊角球、跳绳等

（3）幼儿跳跃动作的指导要点

教师为幼儿提供适宜的活动场地时，应避免在坚硬的地面上进行跳跃练习。教师根据不同种类的跳跃动作给予相应的指导。如提示幼儿双脚连续跳时要轻轻落地；立定跳远时摆臂要协调有力，蹬地要快而有力；侧跳时要及时变换身体的方向；等等。

6.投掷

投掷是幼儿生活中较为实用的身体活动技能，也是各项球类运动的基础。投掷是上肢、腰腹、背、腿部等部位以及视觉运动能力的综合运用，能够发展幼儿的上肢肌肉力量、身体协调能力及结合器械对投掷物进行有效控制的能力。

（1）幼儿投掷动作的基本要领

单手正面肩上掷远动作：正面朝向投掷方向，两腿左右自然开立，单手持投掷物于肩上方，屈肘，眼看前方，通过挥臂、甩腕的快速连续动作将投掷物向前上方投去，投掷角度较适宜，投掷方向较稳定，动作较协调，投掷较有力。

单手半侧面肩上掷远动作：半侧身朝向投掷方向，两腿前后自然开立，后腿稍弯曲，重心放在后腿上，单手持投掷物置于后肩的上方，屈肘，眼看前方，通过蹬腿、转体、挥臂、甩腕等一系列快速、连贯的动作，将投掷物向前上方投去，投掷角度较适宜，投掷方向较稳定，动作较协调，投掷较有力。

单手掷准动作：正面朝向投掷方向，两腿左右自然开立，单手持投掷物置于体侧，屈肘，瞄准投掷目标，通过挥臂、甩腕的连续动作将投掷物投向既定目标，手眼配合较协调，投掷较准确。[①]

（2）各年龄段投掷的适宜动作（见表2-7）

表2-7　各年龄段投掷的适宜动作

动作	练习形式	1—3岁幼儿	小班幼儿	中班幼儿	大班幼儿
投掷	掷远	双手正面肩上掷远	单手正面肩上掷远	单手半侧面肩上掷远，双手头上掷远	单手半侧面转体肩上掷远，双手头上掷远
	掷准	将手中物体投进面积大的筐里	将手中物体投进前方的筐里	将手中物体投进前方的筐里，用手中物体击打前方的固定目标	将手中物体投进前方的筐里，用手中物体击打固定的或移动的目标
	投掷游戏			互掷沙包、躲沙包、打雪仗等	互掷沙包、躲沙包、打雪仗、投篮游戏等

（3）幼儿投掷动作的指导要点

投掷活动尽可能让幼儿的左手和右手都有机会参与练习，以利于幼儿身体两侧肌肉以及左右脑的协调发展。经常变换投掷物和投掷目标，以提高和保持幼儿参与投掷活动的积极性。投掷活动的场地应宽敞、开阔、无遮挡，投掷物要适合幼儿手掌大小，重量适宜，便于抓握。掷准练习中，幼儿掷准距离应由近到远，掷准的目标应由大到小，由静到动，循序渐进。

7.攀登与悬垂

攀登是指双手和双脚在攀登设备上做交替移动，完成攀上和爬下任务的一种运

---

① 刘馨、张首文：《幼儿园健康教育资源　体育活动》，26页，北京，人民教育出版社，2018。

动方式。攀登不仅能增强四肢肌肉力量和耐力，提高手部的抓握能力，增强空间意识和本体感觉，发展平衡能力、协调性和灵敏性，还能培养幼儿勇敢坚持、沉着冷静的心理品质。

悬垂是指人体肩轴低于器械轴，并对抓握点产生拉力的一种动作。悬垂可以锻炼上肢及肩、背等部位的肌肉韧带，增加上肢关节的牢固性，提高手部抓握能力，促进平衡能力、协调能力、力量和耐力的发展。

（1）幼儿攀登与悬垂动作的基本要领

攀登：两手分别握住攀登设备上方的横杆，两脚分别踩踏在攀登设备下方的横杆上，采用双手交替抓握横杆和双脚交替蹬踩横杆的方式做攀上和爬下的位移动作，位移时要保持身体平稳。

悬垂：两手同时正握单杠或横杆，身体自然下垂，脚离地，处于平稳的悬吊状态，并保持一段时间；放手下来时，要轻轻落地，屈膝缓冲，保持身体平稳。

（2）各年龄段攀登与悬垂的适宜动作（见表2-8）

表 2-8　各年龄段攀登与悬垂的适宜动作

动作	练习形式	1—3岁幼儿	小班幼儿	中班幼儿	大班幼儿
攀登与悬垂	攀登	上下楼梯、台阶、小山坡	上下楼梯、台阶、小山坡，攀登较矮的攀登架	攀登攀登架、攀爬网、攀岩墙、梯子等，登山	攀登悬垂的绳子、爬杆、爬树等，登山
	悬垂	双手抓住单杠做短时间的悬垂动作	双手抓住单杠做短时间的悬垂动作	双手抓住单杠做一定时间的悬垂动作，在悬垂过程中做前后轻微摆体动作及一定的位移动作	双手抓住单杠做一定时间的悬垂动作，在悬垂过程中做前后轻微摆体动作及一定的位移、前行动作

（3）幼儿攀登与悬垂动作的指导要点

提供符合幼儿身高与心理特点的攀登设备和悬垂器材，以免幼儿产生害怕、胆怯的心理，并随着幼儿年龄的增加不断调整，适当增加高度和难度。做好攀登活动、悬垂活动的准备活动和放松活动，把握好幼儿的运动量。时刻关照保护幼儿，防止坠落。不宜组织幼儿进行攀登与悬垂的比赛，以免幼儿求胜心切而忽略运动安全。

知识链接

幼儿动作发展的规律 [1]

1. 从上到下，由首至尾

幼儿身体上部的发展先于身体下部的发展，从头部到下部，从上肢到下肢逐渐发展。

2. 从粗到细

幼儿最初发展起来的是与大肌肉相联系的动作，逐渐发展到与小肌肉相联系的动作。如幼儿手的动作的发展，先发展的是与手臂大肌肉相联系的伸臂动作，以后逐渐发展起来与手指小肌肉相联系的抓、握、拿等动作。

3. 从简单到复杂

幼儿最初的动作是身体个别部分的简单动作，如伸伸手、踢踢腿、转转头等，逐渐发展到同时转头、伸手、手眼协调地拿取物体，进一步发展到能从事由多种动作组成的游戏活动。

4. 从不随意到随意

动作的不随意性和随意性，是从动作的主动性和目的性来区别的。幼儿的动作最初是不随意动作，是无目的、由客观刺激引起的，如头随着光线的方向转动，有东西接触幼儿的手，幼儿的手就去抓摸。以后，随意动作逐渐发展起来，这时客观刺激不在眼前或没有直接接触幼儿，动作也会出现，而且能通过动作，主动地、有目的地去接触事物、认识事物。

5. 由近而远

幼儿最早发展的是身体中部的动作，如头和躯干的动作，然后才是双臂和腿部有规律的动作，接下来就是腕、手，手指的精细动作发展最晚。

二、重视准备活动与整理活动

0—3岁婴幼儿处于被动阶段，此阶段家长起到主要的监护作用，在运动前家长可以给婴幼儿做一些头部、腿部等部位以及关节的热身活动，在运动后可以拍打、按摩幼儿的肌肉进行放松整理活动。3—6岁幼儿可以逐渐自主地进行一些准备活动以及整理活动。由于在参加体育运动过程中，身体的肌肉、各器官都要参与活动。要使身体迅速地适应运动状态，调动系统的运动性和协调性，就必须做好准备活动，防止运动带来的伤害；运动后，要使身体从兴奋的运动的状态转变为安静的状态，

---

[1] 叶平枝等：《幼儿园健康领域教育精要——关键经验与活动指导》，134页，北京，教育科学出版社，2015。

就必须做好整理活动。因此，充分的准备活动和整理活动对婴幼儿来说非常重要。

（一）准备活动

准备活动是指运动前，为了使身体各部分做好准备，提高中枢神经系统的兴奋性，缩短进入工作状态的时间所做的运动量适宜的活动。

1.准备活动的意义

（1）提高全身各器官、各系统的兴奋性，避免运动伤害。婴幼儿在进行运动前，身体处于相对安静的状态，神经细胞的兴奋性比较低，肌肉、骨骼等运动器官也没有动员起来。准备活动可以消除肌肉、韧带的黏滞性，使肌肉柔顺，韧带伸展性加强，关节活动幅度加大，易于运动时的伸展和收缩，协调性明显提高，这样就能极大避免了运动中肌肉、关节、韧带的拉伤和扭伤。另外，准备活动还可以使心跳加快，呼吸加快加深，肺活量增强，使中枢神经系统逐渐兴奋，使各器官系统逐渐协调工作，使人体运动系统进入工作状态，做好参加运动时的必要准备。

（2）调节心理状态。准备活动可以迅速地将婴幼儿组织起来，集中婴幼儿的注意力，提高婴幼儿参与运动的积极性和兴奋性，使婴幼儿精神振奋、情绪饱满、充满期待地进入活动状态。

2.准备活动的内容

（1）一般性练习。一般性准备活动主要是一些全身性身体练习，如慢跑、压腿、弯腰、扭腰，以及活动肩、腕、膝、踝关节等，还包括徒手操、韵律操、简单的器械操、体育游戏等。动作不宜过快，活动部位应较为全面，从头颈、躯干、两臂、胸腰、腿直到脚，练习时应柔和细致，让身体各个部位做好充分的准备。

（2）专门性准备活动。专门性准备活动是根据不同项目的特点和要求而采用的一些练习，其作用是使大脑皮层对某一项运动或某一技能产生特有的适宜兴奋性。如活动内容若以"钻"为主，活动时可多做腰部的屈伸、转体、下蹲等动作；若以"跳跃"为主，活动时就要多活动脚踝和膝盖，多做弹跳练习；若以"投掷"或"悬垂"为主，活动时要多做上肢部位的屈伸、绕环等动作。

3.准备活动的注意事项

（1）准备活动量的大小和时间应因时、因地、因内容以及因人而异，一般为3～5分钟，冬季做的时间可稍长一些，使肌肉、关节、身体各器官系统充分活动开；夏季做的时间可稍微短一些。

（2）准备活动幅度由小到大，运动速度由慢到快，强度以全身发热、微微出汗为准，心率、血压都以比安静时增强为宜。运动到四肢关节灵活，身体轻松，有跃跃欲试的感觉为好，避免强度不够或过大。

（3）准备活动要有针对性，根据不同的项目充分做好准备活动。如玩篮球时手指、手腕关节要充分活动开，以防手指、手腕关节受伤。

（4）准备活动尽量采用多样化、趣味性、生动性的练习内容，提高准备活动的实际效果，同时培养幼儿对体育运动的兴趣。

知识链接

准备活动的安排[1]

一般认为，准备活动的强度以 45% 最大摄氧量，每分钟心率 $100 \sim 120$ 次为宜，并根据运动项目的特点、季节、气候、训练者的训练水平及个性特点等因素加以调整，通常以身体发热或微微出汗为宜。准备活动与正式练习的时间间隔一般不超过 15 分钟，在一般的体育教学训练课中以 $2 \sim 3$ 分钟为宜。若准备活动与正式练习之间的间隔过长，其痕迹效应则消失。实验证明，准备活动后间隔 45 分钟，其痕迹效应将全部消失。

（二）整理活动

整理活动是运动后，为了逐步减轻运动量，使身体很快地恢复到正常状态和消除疲劳所做的运动量较小的活动。

1. 整理活动的意义

（1）消除疲劳。运动使全身各器官都处于高效率工作状态，心肌紧张，中枢神经兴奋，肺活量增大，全身血液循环很快，呼吸频率较高。运动后，全身各器官需要休息，整理活动是在较剧烈的运动之后所做的较舒缓、放松的运动，可使人体逐渐适应并由运动状态过渡到安静状态，是促进身体各机能和精力恢复的积极性方法。

（2）减轻不适。运动中突然停止会妨碍呼吸运动，影响氧气的补充，心脏输出量下降，血液不容易送到肌肉、头部，可能导致肌肉酸痛、暂时性的脑缺血及一系列不适。整理活动则能让呼吸系统持续为其他各器官供给氧气，以达到消除各种身体不适的目的。

2. 整理活动的内容

（1）一般性整理活动。一般性整理活动主要指给婴儿或带领幼儿做一些身体的放松活动，使婴幼儿由运动到逐渐安静，放松肌肉，调整呼吸。如可以根据当次活动的主题，延续其中的情节，做上肢、下肢等部位的放松动作，如"小雪人化了""皮球漏气了""树叶落了""吹气球"等；也可以播放一段舒缓的音乐，带领幼儿随

音乐的节奏和旋律做些放松动作，如小鸟飞、划小船等；还可以引导幼儿合作放松，如好朋友相互捏捏胳膊、拍拍肩等。

（2）专门性整理活动。专门性整理活动是根据不同项目的特点和要求而采用的一些放松练习。如进行投掷活动后，重点放松上肢和肩部；进行跳跃活动后，重点放松下肢部位等。

3. 整理活动的注意事项

（1）整理活动应尽量避免较复杂的动作安排，以简单实用、有针对性的放松内容为主，一般为 2～3 分钟，尽量使主要的部位以及全身的肌肉、组织都得到放松和休息。

（2）整理活动的强度不宜过大，而且要注意观察婴幼儿的反应。

（3）整理活动还应进行简单的小结，肯定婴幼儿付出的努力，赞赏婴幼儿的进步与成功、激发婴幼儿参与后续运动的兴趣和积极性。

知 识 链 接

整理活动的安排[①]

整理活动，也叫缓和运动，是训练者在完成训练任务后进行的一些中小强度运动或练习。整理活动在运动中非常重要，可以减少运动后低血压的发生。同时，这种运动性恢复比完全静止性的恢复更能有效地促进疲劳的消除，具有积极的生理意义。研究结果表明，在大量运动后进行轻微的活动（走步或慢跑等），血液中乳酸的消除比完全休息要快。有专家认为采用相当于 50%～60% 训练强度的专项运动进行放松整理的效果会更佳，能够使运动肌肉群积极参与乳酸的清除，得到积极性恢复。

三、护具的使用

（一）护具的含义及功能

运动护具是指头盔、护膝、护腰、护踝、护腕等运动中保护工具的总称。它们能保护关节，增大关节的稳定性，缓冲外力冲击，降低关节运动伤害的概率；还能够在关节受伤后限制损伤关节部位的运动幅度，预防受伤关节的二次损伤，有助于受伤关节的康复。

运动护具主要分为头盔类运动护具，如轮滑头盔、自行车运动用头盔等；四肢

[①] 王步标、华明主编：《运动生理学》（第二版），207 页，北京，高等教育出版社，2011。

第二章·婴幼儿运动安全的预防工作

类运动护具，如护肩、护手、护肘、护腕、护腰、护腿、护膝、护踝等。以下介绍几种常见护具的功能。

1. 头盔：多为溜冰、滑板、骑车、攀登时所用，可以减轻物体对头部的撞击，保证安全。

2. 护膝：多用于轮滑、攀登、排球等运动，能较好地固定关节，减轻运动中关节的碰撞和磨损，还可以防止运动中摔伤时对表皮的损伤。

3. 护腕：多用于排球、篮球等球类运动，可减轻手腕部位的过度屈伸，减少球触拍瞬间手腕所受到的冲击力，保护手腕。

4. 护踝：多在跑步、跳跃时所用，可对踝关节起固定保护作用，防止踝关节扭伤，还能对跟腱起防止过度拉长的作用。

（二）护具的选择

1. 根据运动类型选择护具

一般来说，每一项运动都有其特点，容易损伤的部位也各有不同，选择运动护具就可以根据所选择的运动的项目特点来决定。如球类运动常用护膝、护踝等；轮滑、攀登常用头盔、护肘等。对于幼儿来说，容易出现损伤的情况往往是在初学阶段，由于初学时动作掌握不到位，发力不标准，很有可能引起关节肌肉的损伤，这时佩戴护具就能起到一定的保护作用。

2. 根据幼儿自身特点选择护具

幼儿有自己的运动经历，教师应在对幼儿身体状况深入了解的基础上，为幼儿选择保护他相对较弱或容易损伤的关节，有针对性地选择护具。如膝关节较弱的幼儿在运动中可选择稳定性较好的护膝来加固关节。

3. 根据运动程度选择护具

如果是较为剧烈的运动如轮滑等，可以选择发泡类护具，因为发泡类护具可以充分缓解外部的冲撞，能够对保护部位提供足够的支撑；如果是不激烈的普通运动或日常保健，针织类护具就可以满足需求。

（三）护具的使用

1. 如果某些运动很容易伤到相应的部位或关节，则可佩戴相应的护具，如学习轮滑、平衡车可佩戴头盔、护膝等。

2. 如果幼儿某些关节较弱，但是此关节的运动量、负荷量较大或运动时间较长时建议佩戴相应关节的护具。

3. 如果关节伤愈之后关节不稳定建议佩戴相应关节的护具。

4. 关节伤愈之后由于心理问题不敢放开动作，或害怕旧伤复发也可戴护具。

5.投掷性的活动，可以戴头盔，保护头部。

四、合理安排运动负荷

（一）适宜的运动负荷

运动负荷是指人体在做运动练习时所承受的生理负荷，受到运动强度、运动时间、运动密度等因素的影响。其中运动强度是指在活动中身体完成练习时所用力量的大小。一般认为，120 次 / 分以下的为小强度；120 ~ 150 次 / 分的为中等强度；150 ~ 180 次 / 分或超过 180 次 / 分的为大强度。中等强度＝最大心率（220 －年龄）×60% 至最大心率（220 －年龄）×70%。幼儿在一次体育活动中的最佳运动强度也就是平均心率在 120 ~ 150 次 / 分。运动时间是一次体育锻炼练习的总时间，不同年龄段的幼儿，其最佳运动时间也不同。幼儿园小班幼儿一次活动总时间 15 分钟左右，中班幼儿 15 ~ 20 分钟，大班幼儿 25 ~ 30 分钟。运动密度是幼儿真正锻炼的时间与活动总时间之比，其最佳密度为 50% ~ 70%。

> **想一想**
> 心率有哪些测量方法？选择一种方法进行测试。

运动负荷是否适宜是评价幼儿体育活动科学开展的重要指标。如果运动量过小，运动对身体的刺激就会减弱，从而失去增强体质的作用，达不到锻炼的目的；运动量过大，运动对身体的刺激很强，超越了幼儿身体所能承受的限度，从而损害幼儿的身体健康。只有通过适宜的运动负荷的刺激，才能既不伤害幼儿，又能有利于幼儿的健康成长。

知 识 链 接

世界卫生组织对儿童最低运动量的建议[①]

世界卫生组织分别在 2019 年、2020 年对 5 岁以下幼儿、5—17 岁的儿童和青少年的身体活动提出了每周最低运动量的建议：

3—5 岁幼儿在一天中分散的时间，进行至少 180 分钟的各种强度的不同身体活动，其中至少 60 分钟是中等强度到高强度的身体活动（如上下楼梯、劳动、户外体育活动、玩沙、玩水等）。

5—17 岁儿童和青少年每天应至少平均进行 60 分钟的中等强度到高强度体育锻炼，主要是有氧运动。每周至少应有三天进行高强度有氧运动，以及可以增强肌肉和骨骼的运动。

---

① 王步标、华明主编：《运动生理学》（第二版），207 页，北京，高等教育出版社，2011。

（二）科学调整运动负荷

1. 避免长时间的"憋气"活动

依据幼儿的生理特点，幼儿阶段应避免进行"憋气"活动，如负重练习、举重、拉拉力器、拔河、掰手腕等，这些运动有可能会导致幼儿机体的损伤。

知识链接

合理安排运动负荷①

在运动中尽量减少"憋气"、紧张性和静力性练习，以免造成心肌过度疲劳。如抬重物"憋气"时，胸腔和腹腔内压力加大，回心血量减少，心脏输出血量减少，对心脏本身的血液供应也会减少。"憋气"后，反射性地使呼气加深，这时胸内压和腹内压突然降低，回心血量增多，使心脏负担加大。此外，倒立和背桥等动作由于头部朝下，头部血液回流困难，使心脏处于正常位置时的阻力加大，增加了心脏的负荷。因此，对幼儿来说，过多及过长时间从事这类练习是不适宜的，但可以进行一些匀速的低强度的走跑交替耐力练习，这对发展心肺功能是必要的。

2. 坚持幼儿体育活动的循序渐进

幼儿运动量的安排由较小到较大，再到较小，这是由人体生理机能活动变化的规律及幼儿的年龄特点决定的。

首先要做好充分的准备活动，如活动头部，伸展上肢，做适当的转体、腹背运动和下蹲等动作，使身体各部位的肌肉、韧带和关节得到适当的锻炼，血液循环逐渐加快，有利于机体较快地适应运动的需要。

待幼儿做好充分的准备活动后，幼儿机体的活动能力有了一定的提高，便能逐渐适应较为激烈的活动，如跑步、跳跃等。

随后，幼儿逐渐疲劳，机体的活动能力便会下降，这时应安排放松活动和整理活动，以缓解身心的疲劳。

3. 根据年龄差异确定合适的运动量

根据幼儿的年龄特点，幼儿园小班幼儿一次体育活动总时间不宜超过15分钟，中班幼儿在15～20分钟，大班幼儿在25～30分钟。由于每个幼儿遗传因素和家庭环境各不相同，即使是同一年龄阶段的幼儿，在体质和运动能力等方面的发展水平也有差异。因此，教师应安排不同难易程度，不同运动负荷的体育活动内

---

① 《运动生理学》编写组：《运动生理学》，328页，北京，北京体育大学出版社，2014。

容，以适合不同体质、不同运动能力的幼儿。对运动量的估计可以以中等体质幼儿为标准，对体弱幼儿减小运动密度及练习次数；在提高难度方面，不强求一律，如中班体育活动"过矮墙"，要求幼儿助跑跨跳过一定高度和宽度的矮墙，教师就可以设置几组不同高度和宽度的矮墙，让幼儿自由选择适合自己的高度和宽度的矮墙练习，逐步提高难度。

4. 注意观察并及时调节幼儿的运动量

教师要随时观察幼儿在运动中的面色、排汗、呼吸、情绪等的变化，随时调节运动量，防止幼儿过度疲劳。通常，当幼儿的动作质量逐渐下降或跌跌撞撞，心跳频率过快或上气不接下气，面色十分红或很苍白的时候，就表明幼儿处于重度疲劳状态，这时，应及时调整幼儿的活动内容，使其运动量逐渐减小（见表2-9）。

表2-9 活动中幼儿生理反应一览表

外显指标	轻度疲劳	中度疲劳	重度疲劳
面部色泽	略红	很红	十分红或苍白
排汗情况	正常	较多	虚汗
呼吸情况	中速略快，有规律	加快，加深	急促，节奏紊乱
运动情绪	正常	有倦意	疲乏

5. 动静交替，避免某一部位生理负荷过重

在安排幼儿体育活动时，应注意不要让幼儿过分或过度练习某动作，以免身体某一部位的负荷过重，要考虑运动和休息交替合理。休息并非静止不动，而是根据每一个活动的具体情况采取不同方式安排较为轻松、安静的游戏或放松活动等，促使幼儿的体力尽快恢复，以便更快地适应下个环节的运动内容。例如，中班体育活动"小兔蹦蹦跳"，由于双脚跳的运动强度较大，连续练习的次数不宜过多，时间不宜过长。因此，可让一半幼儿扮演"小兔"，一半幼儿扮演"小树"，"小树"站立，"小兔"绕着"小树"跳，一定次数后两类角色互换，这样使幼儿既能运动又能休息，可达到很好的运动效果。

6. 关注幼儿运动中的心理负荷

幼儿体育活动不仅要承受一定的生理负荷，也伴随认知、情绪、意志等方面的心理过程。一方面，教师应该充分发挥和利用身体运动对幼儿心理发展的价值；另一方面，也要注意幼儿的年龄特点和个体差异，不宜使幼儿的心理负荷过大。例如，小班幼儿学习和练习攀爬攀登设备时，往往比较胆怯，常会因紧张而承受较大的心

理负荷。这时，教师需特别关注他们，一方面适当降低要求，另一方面给予幼儿更多的鼓励和帮助，若幼儿还是不敢尝试，不要强求幼儿，以后再慢慢寻找机会鼓励其尝试。

第四节　教师的作用及婴幼儿运动的基本保护方法

　　3岁以后，幼儿进入幼儿小班，教师和家长共同发挥幼儿的监护作用。在体育活动中，幼儿容易处于十分兴奋的状态，由于他们生活经验不足，动作的协调性、平衡性较差，随时都有可能发生磕伤、摔倒、从器械上摔下来、撞在器械上等意外。这时候，教师对幼儿的安全保护就非常重要，如何发挥教师在运动中应有的作用是幼教工作者需要思考的重要话题。教师要正确对待体育活动中的安全问题和实施安全教育，及时捕捉不安全的信号，及时发现各种安全隐患，及时提醒幼儿，时刻保障幼儿安全，为幼儿参加体育活动奠定良好的基础。

一、教师的作用

　　保障幼儿的安全和健康是幼教机构教师最为重要的责任和义务。为了保障幼儿运动中的安全与卫生，也为了满足幼儿运动的需要，促进幼儿的健康发展，教师应充分发挥其作用，做好运动风险管理，及时做到识别风险、消除安全隐患，预防运动伤害。

（一）创设安全、卫生的运动环境，消除安全隐患

　　1.为幼儿提供平坦、开阔、有弹性、安全的运动场地，保证应有的体育活动时间。《3—6岁儿童学习与发展指南》明确指出："幼儿每天的户外活动时间一般不少于两小时，其中体育活动时间不少于一小时，季节交替时要坚持。"

　　2.为幼儿提供牢固、安全、卫生、适合幼儿的年龄特点的运动设施和器材，并做好运动场所和运动器械的安全检查工作，发现问题及时维修和处理。

　　3.如遇雾霾天、大风天、酷暑天、雨雪天时，尽可能为幼儿提供安全、卫生的室内体育活动场所，如较宽敞的大厅或走廊等。

　　4.让幼儿穿上便于运动的衣服和鞋子。衣服的大小要适宜，不要穿带绳的衣服，也不要佩戴纪念章、别针等饰物，口袋内不能放尖锐的小物品。鞋子要合脚、轻便，有一定的弹性，最好是运动鞋，不要穿皮鞋、凉鞋参加运动。

　　5.活动前应确定哪些幼儿不适合参加体育活动。凡是不适合参加运动的幼儿，一定不能让其参加。

（二）合理安排活动的结构，及时指导和调整

1. 引导幼儿做好充分的准备活动，待机体活动能力有所提高后再安排较为激烈的动作和活动，必要时要进行正确优美的动作示范，及时纠正不合理的动作，以防错误动作对身体造成损伤；多采用游戏化的组织方法，运用多种方法来指导幼儿。最后要安排活动量较小的放松和整理活动。

2. 清晰、明确地向幼儿提出运动的安全要求和规则，如运动器械的玩法与安全要求、运动中的注意事项等，帮助幼儿建立起良好的运动常规，随时注意提醒幼儿遵守活动规则，注意活动安全。

3. 根据体育活动的内容、幼儿的年龄特点和身心状况，以及季节、天气等情况，合理安排运动量，调整运动时间，科学安排运动负荷。

4. 尊重幼儿身体素质、兴趣爱好、运动技能等方面的个体差异，想方设法让每一个幼儿都参与到活动中来，体会运动带来的快乐；关注和照顾好个别幼儿，如肥胖儿、体弱儿、经常出现安全问题的幼儿、动作能力较差的幼儿等，发现异常情况及时处理。

（三）给予幼儿必要的安全提示和保护

1. 教师要对容易出现问题的运动方式及器械活动有清楚的认识，对活动中的不安全因素要及时进行调整改进，防患于未然。如提醒幼儿玩圈时不能套在他人的脖子上，投掷时前方要无人，在滑梯上不要推挤等；要站在攀登架、秋千、平衡木等较危险的运动器械旁，随时观察幼儿完成动作的情况，做好保护的准备，以保证幼儿的人身安全。

2. 对于参加活动有困难的幼儿，特别是那些年龄小、能力弱的幼儿，教师要多多鼓励和帮助，从心理上满足幼儿的安全需要。如年龄小的幼儿也想尝试平衡木，但又十分胆怯，常常不敢走或要拉着教师走，这时教师可扶一扶、拉一拉幼儿，减轻幼儿的畏惧心理，鼓励其大胆尝试，从而获得身体平衡能力的发展及成功的愉快体验。

3. 千般呵护不如自护，教师还要帮助幼儿掌握一些简单的自我保护方法，提高幼儿的安全意识。如活动中如何不与他人相撞；参与某个活动的幼儿人数很多怎么办；玩器械时哪些是危险动作；等等。这些自我保护的方法对幼儿今后的发展是十分重要和必要的，能让幼儿终身受益。

二、婴幼儿运动的基本保护方法

体育活动中的保护与帮助是非常必要的。正确的保护方法，不仅能使婴幼儿减

轻身体及精神负担，消除顾虑，增强信心，勇敢地迎难而上；而且能使婴幼儿正确地体会动作要领，掌握动作技术和提高动作质量；还能防止运动伤害，尽量减少运动伤害事故的发生，防患于未然。

体育活动中的安全保护共有三种基本方法，分别为他人保护、自我保护和利用器械保护。他人保护以及器械保护适用于0—6岁的婴幼儿，自我保护主要适用于3—6岁的幼儿。

（一）他人保护

他人保护指的是家长、教师等其他监护人员在合适的位置上对婴幼儿的动作进行观察和指导，以便能够及时帮助婴幼儿纠正动作、摆脱危险。监护人员应根据项目的特点和动作的结构，站于合适的位置，自始至终仔细观察婴幼儿完成动作的情况，做好保护的准备，一旦练习中发生危险，立即运用接、抱、拦、挡等手法，使其停止或减缓运动速度，避免撞击器械、摔倒。这里，有以下几方面的具体要求：

1. 熟练掌握各种保护与帮助方法

每一个运动项目和器械练习都有自身的技术重点、难点与关键点，保护与帮助方法也各有不同。教师要熟悉某些运动项目的保护与帮助方法，掌握各种不同的方法，这样才能有备无患，适应各种体育活动所需。

> **想一想**
> 分小组体验侧滚翻，思考如何做好保护，并相互体验保护的方法。

2. 合理选择保护与帮助的站位与补位

不同的运动项目和器械练习中，婴幼儿身体运行的线路不同，监护人员的站位应有所选择，其保护与帮助的手法、力度、部位等也各有不同。若所站的位置不对，辅助的部位不对，不仅起不到保护与帮助的作用，相反还会影响到婴幼儿的练习。一般来说监护人员站位根据婴幼儿的位置而变化，可以分为定点保护、移动保护。固定位置进行保护称为定点保护，如幼儿固定悬垂时的保护。随着婴幼儿移动而移动的称为移动保护，如幼儿移动悬垂时的保护。同时需要考虑不同运动项目的特点确定正确的站位。例如，幼儿立定跳跃时，应该站在幼儿跳跃落地的一侧，随时做好保护，避免幼儿向前扑或者后坐。

3. 合理选择保护与帮助时机

监护人员在实施保护与帮助过程中，把握时机特别重要，快了没有效果，慢了起不到作用，只有恰到好处，才能产生很好的效果。例如，幼儿悬垂、走平衡木的过程，采取保护措施的时机很重要。

（二）自我保护

体育活动中减少和防止运动伤害最主要的方法是自我保护。自我保护是指幼儿在意外发生时随机应变，运用特定的技巧，采取有效的保护措施摆脱危险，避免受到伤害。自我保护要遵循"首保大脑、次保胸腰、三保两臂、四保腿脚"的原则，一般有以下几种。

1.利用运动惯性进行自我保护。幼儿可以利用惯性进行下蹲、滚动、团身、曲臂等动作，以避免头部直接着地，减缓冲击地面的力量。这种方法经常用于疾跑中失去重心将要摔倒、跳起落地等情况。

2.改变身体姿势。如果出现动作失误，及时改变身体的姿势，以免头部着地而受伤。例如，走平衡木过程中出现踩空后，及时下蹲改变身体姿势。

3.跳下器械或者停止练习。如果在练习过程中发现有动作失去节奏、器械故障、身体不适等问题，可以立即跳器械或者停止练习。例如，在悬垂过程中，感觉手抓握不紧，可以落下后重新进行。

4.握住器械。如果在练习的过程中发现松手会有危险，那么就要紧紧地握住器械，以免摔伤。例如，攀爬绳网过程中，需要手牢牢抓住绳索。

5.及时躲避。如投掷练习时必须有一定的高度，如果投掷失误，就要及时躲避，避免误伤自己或他人。例如，网球投掷的过程中，需要注意力集中，及时躲避投来的球。

（三）利用器械保护

利用器械保护指的是使用海绵垫、护具等器械来缓解外力对自身的冲击，避免伤害事故的发生，常用的保护器材包括海绵垫、头盔、护膝等。要正确地使用这些保护器材，以免使用不当反而造成运动伤害。例如，海绵垫主要是用来缓冲幼儿落地的冲击力，要注意摆放位置的准确，避免海绵垫造成崴脚，保障其能够发挥保护作用。同时需要根据运动的项目特点选择适宜的垫子厚度和弹性，过厚或过薄、过硬或过软都起不到良好的保护作用。

第五节 运动器械的选择与使用

《幼儿园工作规程》明确指出："幼儿园应当有与其规模相适应的户外活动场地，配备必要的游戏和体育活动设施。"运动器械是婴幼儿体育活动中十分重要的物质支持，也是婴幼儿体育活动中的操作材料和辅助材料。但是运动器械也是造成婴幼儿运动伤害的重要因素之一，因此选择适宜的运动器械，并正确使用，是预防运动伤害的重要措施。

一、婴幼儿运动器械活动的含义及价值

（一）婴幼儿运动器械活动的含义

婴幼儿运动器械指的是婴幼儿体育活动和健身锻炼所使用的各种设施设备及用品的总称。常见的有滑梯、钻网、攀爬架、平衡木、球类、各类儿童小车以及各种自制的体育活动游戏材料等。

婴幼儿运动器械活动是指利用运动器械的结构与功能特征而开展的，以激发婴幼儿运动兴趣，丰富婴幼儿运动体验，促进婴幼儿相应动作和体能发展的一种身体练习。

（二）婴幼儿运动器械活动的价值

1. 运动器械活动能促进婴幼儿动作技能的发展及身体素质的提高

婴幼儿的动作技能主要有翻滚、走、跑、跳、投、爬、钻、攀登等，婴幼儿的身体素质主要有耐力、速度、力量、平衡、协调性、柔韧性和灵敏性等。而婴幼儿运动器械的种类丰富多样，每一种运动器械在结构、动作方式和锻炼功能等方面都有其独特的价值，利用运动器械的特征和功能开展适宜的器械活动，可以帮助婴幼儿学习和练习相应的身体动作，促进婴幼儿身体素质的提高。如幼儿在利用多功能组合滑梯进行攀爬、翻越、登高、滑下等活动时，不仅发展了走、爬、钻等多种动作技能，还提高了动作的协调性、灵敏性和手眼协调能力。

2. 运动器械活动有助于激发婴幼儿的想象力和创造力

运动器械的多功能性、可变性和游戏性，能让婴幼儿在活动中充分地感知、操作、探索和体验，有助于激发婴幼儿的想象力，迸发创新的火花。如呼啦圈的一物多玩，有的幼儿将圈放在地上跳，有的幼儿将圈抛起再接住，有的幼儿将圈从头上套下，整个身体钻过圈，有的幼儿将圈当成方向盘开汽车。这么多玩法，有跑、有跳、有钻、有抛，都是幼儿动脑的结果，大大促进了幼儿想象力和创造力的发展。

3. 运动器械活动有助于提升幼儿的社会性和意志品质

运动器械活动往往需要幼儿排队、轮流有秩序地活动，以及与同伴一起合作探索、分享交流等，这对促进幼儿同伴交往、社会性的良好发展都大有益处，有助于培养幼儿团结友爱、互相帮助、集体合作等良好品德。此外，一些运动器械本身就具有一定的难度，幼儿在克服困难的同时，自信心和意志品质也得到了增强。如有些幼儿刚开始不敢玩荡桥，在同伴和教师的鼓励下跃跃欲试，最终勇敢地上了荡桥。幼儿的勇气胆量及不怕困难的意志品质都得到了锻炼。

4. 运动器械活动有助于婴幼儿情绪及心理健康的发展

运动器械种类和玩法多样，深深吸引着婴幼儿投身其中，能够极大地缓解婴幼儿的紧张和压力，释放和消除不良情绪，享受运动带来的快乐，从而获得成就感和

愉悦感，使婴幼儿心情舒畅，活泼开朗。

二、婴幼儿运动器械的分类及使用

0—3岁的婴幼儿还处于基本动作的初学阶段，不能很好地掌握更不能熟练地应用，特别是0—1岁的婴儿。因此，这时期较少用到运动器械，主要以学习基本动作模式为主。3岁以后，运动器械成为幼儿体育活动中十分重要的物质支持，也是幼儿体育活动中的操作材料和辅助材料。根据不同的分类标准，可以把婴幼儿运动器械分为不同的种类。本书结合运动器械的大小、移动性及器械的性能特点，对婴幼儿运动器械做如下划分（见表2-10）。

表2-10 婴幼儿运动器械分类一览表

运动器械	种类	0—1岁婴儿	1—6岁幼儿
固定性运动器械	滑行类	滑梯	滑梯等
	攀爬类		攀登架、攀岩墙、钻网等
	摆动类		秋千、荡桥、跷跷板等
	平衡类		平衡木、梅花桩等
	旋转弹跳类		转马、蹦床等
中小型移动性运动器械	运行类	各类儿童小车	小推车、小三轮车、各类儿童小车等
	钻爬类	泡沫垫	钻筒、拱形门、泡沫垫等
	投掷类		投篮架等
手持类轻器械	体操类	彩棒、彩球	彩旗、彩圈、哑铃、彩棒等
	球类		小皮球、足球、篮球、羊角球等
	绳类		跳绳、大绳等
	其他	发条启动的小动物、吊拿玩具等	拉力玩具、沙包、各类自制体育玩教具等

（一）固定性运动器械

固定性运动器械是指幼教机构运动场地中固定的运动设施，其玩法相对固定，发展功能也相对聚焦，主要用于促进婴幼儿感知觉、运动觉、平衡觉及大肌肉群的发展。以下介绍几种幼教机构常见的固定性运动器械。

1.滑梯

（1）发展价值

发展婴幼儿的走、爬、钻等多种动作技能，提高其动作的协调性和灵敏性。让婴幼儿学会轮流排队游戏，培养遵守规则的意识。

（2）安全要求

每次游戏前，教师要确保滑梯干净清洁，没有安全隐患。教师引导婴幼儿排队玩滑梯，不推不挤；坐稳后再往下滑。婴幼儿游戏时，教师要站在滑梯底部和攀登部位，观察婴幼儿游戏情况，关注婴幼儿的运动方向，保护婴幼儿安全。

（3）玩法

婴幼儿自主游戏，有序滑下滑梯，或借助滑梯和周边的攀登架等组合物爬上爬下，玩追逐游戏。在滑梯底部做好安全防护，婴幼儿双手握紧滑梯两侧的扶手，脚蹬滑梯向上攀爬。

2.钻网

（1）发展价值

发展幼儿的爬和钻的动作技能，提高四肢和背部的肌肉力量，促进上、下肢动作协调发展，发展身体的柔韧性和灵敏性，逐步养成坚持、勇敢、自信的个性品质。

（2）安全要求

每次游戏前，检查钻网的网绳是否结实，有无破损，确保器械安全。提示幼儿避免拥挤，控制游戏速度，关注脚下，不要踩空。教师站在钻网两端的出入口旁，必要时，在钻网中间的下方也可安排一名教师跟随幼儿指导，观察了解幼儿的游戏情况，保证幼儿的安全。

（3）使用玩法

进入钻网，手抓牢绳索的打结处，可采用正面钻或侧面钻的方式，低头、弯腰，双脚灵活地交替行进。也可采用倒退爬、匍匐爬等方式通过。

3.攀登架

（1）发展价值

发展幼儿的攀登的动作技能，提高四肢和背部的肌肉力量，促进上、下肢动作协调发展，提高身体控制能力和耐力水平，逐步养成敢于挑战、勇敢坚持、不怕困难的意志品质。

（2）安全要求

定期检查和维护，确保攀登架牢固、安全。关注幼儿向上爬的情况，及时给予保护。提示幼儿手脚配合，眼睛要看好自己要扶或者要踩的地方。

（3）玩法

手握紧攀登架上方的横杆，脚踩住攀登架下方的横杆，向上发力，手脚交替向上攀登。可在攀爬架的适当位置处设置毛绒玩具、铃铛等材料，让幼儿攀到相应的位置摘取。

4. 秋千

（1）发展价值

锻炼幼儿的腰部及腿部肌肉力量，发展身体的协调性、灵敏性和平衡能力，提高自我保护的意识和能力。

（2）安全要求

游戏前，教师要确保秋千表面干爽清洁，无尖锐物，绳索结实稳固，把手无损坏。提示幼儿双手要紧握把手，防止摔伤。引导幼儿游戏时观察周围环境，避免碰撞小伙伴；学会轮流和等待，不争不抢。教师在秋千旁边观察幼儿游戏情况，了解幼儿游戏水平，确保幼儿安全。

（3）玩法

坐在秋千上，利用上身的力量前后摆动，让秋千逐渐荡起来。站在秋千上，通过下肢的屈伸和身体摆动，让秋千逐渐荡起来。两名幼儿相互配合，一个人推，一个人坐（站）在秋千上面来回荡。

5. 平衡木或梅花桩

（1）发展价值

练习幼儿的平衡走，发展腿部肌肉力量，提高身体动作的协调性和平衡能力。练习绕桩走，提高身体的控制能力和灵敏性。

（2）安全要求

游戏前，教师要检查器械及场地安全，确保平衡木或梅花桩稳固，周边没有杂物。提示幼儿在游戏过程中要注意速度，保持与同伴的安全距离，选好起点，朝一个方向有序游戏。幼儿游戏时教师站在旁边，观察幼儿游戏情况，随时保护幼儿。

（3）玩法

幼儿自主尝试、探索走平衡木或梅花桩的方法。教师及时添加适宜的游戏材料，让幼儿在平衡木或梅花桩上练习走、蹲等动作。例如，教师可以在平衡木或梅花桩的上方悬挂塑料水果玩具，引导幼儿边走边摘水果；在地面摆放有圆环或磁铁的小鱼玩具，让幼儿拿鱼竿钓鱼等；在平衡木或梅花桩上做不同姿势的站立，如单、双脚交替站立，比一比谁站得稳，谁站得久。绕着梅花桩走，看谁不碰到梅花桩，谁走得又快又安全。

（二）中小型移动性运动器械

中小型移动性运动器械是指在幼教机构运动场地中布置、投放的可以移动的运动器械。其功能有特定的指向，也具有其他功能的延伸与扩展。可单独开展游戏，也可以组合的方式开展游戏，因此玩法更灵活，功能和价值也更丰富。以下介绍几种幼教机构常见的中小型移动性运动器械。

1.泡沫垫

（1）发展价值

发展婴幼儿的腿部肌肉力量，提高身体动作的协调性，探索运动器械的一物多玩。

（2）安全要求

选择有一定摩擦力的地面放置泡沫垫，以免滑倒。教师提示婴幼儿关注周围情况，与同伴保持安全距离，避免碰撞。

（3）玩法

青蛙跳：幼儿将泡沫垫随意摆放在地面上当荷叶，扮演小青蛙进行跳远。

乌龟爬：将泡沫垫连接，婴幼儿手膝着地从垫子一端爬到另一端，看谁爬得又快又稳。

快乐翻滚：将泡沫垫连接，幼儿平躺在垫子上，双臂平行向上举，从垫子一端侧身翻滚到另一端。

助跑跨跳：将泡沫垫连接，平放在地上，幼儿从一侧出发，通过助跑，跨跳过泡沫垫到达另一侧。

2.拱形门

（1）发展价值

增强幼儿的腿部和腰背部的肌肉力量，发展灵活性、柔韧性、平衡能力等身体素质，掌握正面钻和侧面钻的基本动作。

（2）安全要求

尽量选择无风天气，以免拱形门不稳固。教师提醒幼儿钻的时候要弯腰、低头、屈膝，以免碰头。

（3）玩法

猫捉老鼠：将拱形门摆放在地上，在距拱形门一定距离处散放沙包当作老鼠，幼儿扮演猫有序钻过拱形门，捉到老鼠（取一个沙包）后跑回。

火车钻山洞：将拱形门有间隔地连续摆放，幼儿从第一个拱形门钻进，到最后一个拱形门钻出。

3.大陀螺

（1）发展价值

发展幼儿的前庭觉，提高平衡能力。发展体位感和灵敏性。

（2）安全要求

选择宽敞平整的场地进行游戏。教师要提醒幼儿：坐在陀螺里游戏时，需双手抓紧陀螺边缘，稳住身体，注意控制摇晃幅度，避免陀螺扣翻。

（3）玩法

陀螺转转转：幼儿坐或躺在大陀螺里，教师摇晃陀螺让陀螺转起来，幼儿保持平衡。

双人转陀螺：两名幼儿面对面坐在大陀螺里，教师适当摇晃陀螺，或幼儿合作让陀螺转起来。

金鸡独立：将陀螺扣过来，幼儿单脚站立在大陀螺尖上，如果另一只脚落地则游戏结束。

4.独轮车

（1）发展价值

发展幼儿的上肢肌肉力量及对物体的操控能力，提高全身动作的协调性。

（2）安全要求

选择宽敞、平整的场地。教师要提醒幼儿关注周围情况，避免推车时撞到别的小朋友，并与同伴保持安全距离。

（3）玩法

独轮车小能手：将独轮车沿道路一直向前推，绕过终点的红旗后，原路返回。

超市送货员：指定两块场地分别当作仓库和超市，为幼儿提供若干沙袋、饮料瓶、牛奶箱等，让幼儿从仓库向超市运送物品。

（三）手持类轻器械

手持类轻器械是指可以搬动且易于取放，比较轻便小巧，便于幼儿手持的各种器械和玩具材料，如球、沙包和绳子等。这类器械属于多功能综合性玩具材料，可根据活动需要进行多种组合，便于幼儿不断探索多种玩法，拓展其认知及思维的能力。以下介绍几种幼教机构常见的手持类轻器械。

1.圈

（1）发展价值

发展幼儿的走、跑、跳、钻等多方面的运动能力。发展身体动作的协调性、灵活性，探索器材的多种玩法。

（2）安全要求

选择宽敞的场地，跳跃时选择软塑胶场地。提示幼儿在游戏过程中避免拥挤。

（3）玩法

跳圈圈：将圆圈摆放成单列、双列或环形，幼儿从起点开始，向终点双脚跳、单脚跳、左右行进跳、单双脚开合跳等。

钻圈圈：将圈立起来，间隔一定距离摆放，指定起点和终点，幼儿从起点出发，跑至圈处，侧面钻过，再跑到终点。

占圈圈：将圈围合成大圆，幼儿站在大圆外，音乐响起后围着大圆走，音乐停止时迅速找到一个圈并站到圈内，一个圈里只能站一个人，圈的个数应比幼儿人数少一个。

2.球

（1）发展价值

发展幼儿的四肢肌肉、韧带的力量和关节的柔韧性。提高视觉运动能力及动作的灵敏性、协调性。感受与同伴一起游戏与探索的乐趣。

（2）安全要求

选择宽敞、平坦的场地进行球类游戏。教师应提醒幼儿注意：投球时，不要对着其他人的头部进行投掷；当别人投球时，不能到对面去捡球；投球、拍球时，避免手指戳到球。在游戏过程中，教师应指导幼儿玩球的动作要领，让幼儿灵活躲避球，不踩踏球，以防摔倒。

（3）玩法

①小皮球。地老鼠：设置大小不同、宽窄各异的球门，幼儿单手滚球或双手滚球，让球从球门中滚过去。小球空中飞：幼儿自抛自接球，或两人面对面抛接球，或多人站成圆圈轮着抛接球。花样颠球：幼儿双手拿球盘，上下颠动小球，不让小球掉下来。

②篮球。灌篮高手：两人一组，边走边互相传球到篮筐处，然后投球进筐。投篮运动员：离篮筐一定的地面处贴一条投掷线，幼儿站在线后投球入筐。

③足球。踢球入门：将几个高低、宽窄不同的球门，放在远近不同的地方，幼儿站在同一起始线上，将球用力踢进不同的门中。运球小搭档：幼儿两人一组，面对面间隔1米左右站好，两人互相踢传球，并同步朝同一个方向行进，在行进中踢传球。

④羊角球。跳跳乐：幼儿双手抓住两个羊角，两腿夹住球，借助羊角球的弹性，轻轻地跳动。

3.跳绳

（1）发展价值

发展幼儿的腿部和足部力量，增进手眼协调。提高运动速度、反应的灵敏度和平衡能力，增加肺活量。

（2）安全要求

选择宽敞的场地，跳跃时选择塑胶场地。提示幼儿在别人跳绳时保持一定的安全距离。

（3）玩法

踩蛇尾：两人一组，一人拿着蛇（跳绳为蛇）一人踩；拿着蛇的人要注意躲避不要让对方踩到自己的蛇尾，谁踩到对方的蛇尾谁就获胜。

跳绳：双脚跳向前抡绳，双脚跳向后抡绳，单脚跳向前抡绳，单脚跳向后抡绳，行进跳，等等，一般能够连续跳5个以上为胜。

跳大绳：两名幼儿手持跳绳两端，一名幼儿在中间进行跳跃，可以进行单脚、双脚跳等，连续跳跃5个以上。

案 例

危险的跳绳

户外活动时间，大班的幼儿在操场进行跳绳锻炼，一部分幼儿已经会跳，另一部分幼儿正在尝试怎样跳过去。几分钟后，明明和小雪一个捂着头，一个捂着脸，哭着跑来找教师。原来，明明在很认真地练习跳绳，但是由于不会跳，脚步控制不好，一边跳，脚下一边向前挪动，跳着跳着，没注意站在前面的小雪，跳绳一下子抡在了小雪的脸上，接着又反弹回来，打中了自己的头，弄得两个人都不开心了。户外活动中，幼儿玩着自己喜欢的运动器械就像脱缰的小马一样，忘我驰骋，但安全隐患也时时存在，运动器械的选择和使用就显得尤为重要。

4.沙包

（1）发展价值

发展手部的控制能力，提高平衡力和动作的协调性。探索沙包的多种玩法，在运动中体验快乐。

（2）安全要求

选择宽敞的场地，跳跃时选择塑胶等软性场地。提示幼儿在游戏过程中避免与同伴发生碰撞。

（3）玩法

炸碉堡：设置投掷线，在距离投掷线一定距离处设置自制碉堡，幼儿站在投掷线处，将沙包向前投掷出，看谁能成功炸掉碉堡。

母鸡下蛋：幼儿扮母鸡，朝指定的方向双腿夹包连续行进跳，当听到"咯咯哒，下蛋喽"的口令后，幼儿双腿分开，把夹住的沙包放落到地上。

沙包悠悠乐：幼儿每人一个带绳子的沙包，用手拽住绳子一头，将沙包吊起，用脚去踢沙包。在规定时间内，踢到沙包次数多的获胜。[①]

三、婴幼儿运动器械的合理选择及使用

婴幼儿体育活动中运动器械的选择及使用十分重要，它关系到活动目标的实现程度、婴幼儿动作技能的掌握程度，还影响着婴幼儿参与活动的兴趣。如何为婴幼儿提供适宜恰当的运动器械，进行科学的指导，有以下几个要点。

（一）符合婴幼儿的年龄特点

不同年龄阶段的婴幼儿，喜欢的运动器械、能够操控并充分使用的运动器械有所不同，指导的重点也不同，因此，应结合婴幼儿各年龄段的特点与发展目标来提供适宜的运动器械和游戏材料，充分利用运动器械和游戏材料自身的特征与价值，来引导婴幼儿进行有意义、有效的运动。

0—3岁婴幼儿阶段，是基本动作模式发展阶段，包括抬头、翻身、站立、走、跑、跳、钻爬等，此时婴幼儿的这些基本动作模式尚未初步掌握，处于学习阶段，容易翻下床或者易摔倒，缺乏安全意识和自护意识。因此，器械的选择应注重材质与安全，如选择软式器材时，还要防止其被婴幼儿吃进嘴里。

小班幼儿已初步掌握了走、跑、爬、攀登等基本动作，但动作水平不高，协调性与灵敏性较差，由于其缺乏同伴交往的经验，自我保护能力较差，只能在成人的协助下操作一些熟悉的运动器械，因此，可引导他们滑滑梯、荡秋千、玩转椅等。另外，可提供一些简单的、具有较强操作性的运动器械和游戏材料，如骑小车、玩球等活动。此外，小班幼儿喜欢自己拥有和同伴一样的器材，做相同的动作，相互模仿和学习，因此，提供的运动器械和游戏材料要数量充足。

中班幼儿逐步学会了各种基本动作，身体素质有了一定的提高，认知经验和运动经验也逐渐丰富起来，同伴交往技能有所提高，他们不仅能掌握运动器械的基本玩法，而且喜欢与同伴一起进行运动器械的操作、组合和探索，因此，可以为他们提供具有较强可变性、玩法多样的运动器械和游戏材料，如呼啦圈、沙包、轮胎等，大中型组合式的运动器械也比较适合中班幼儿，他们喜欢变换不同的运动内容，也喜欢与同伴分工、合作，共同完成一些游戏。

---

① 刘馨、张首文：《幼儿园健康教育资源　体育活动》，212页，北京，人民教育出版社，2018。

大班幼儿已经熟练掌握了各种基本动作，动作技能和身体素质有了较大的发展，可以掌握动作要求难度较高的器械，如滑索、陀螺、跳绳等的操作方法，且同伴合作能力较强，可以为他们提供具有一定难度和挑战性的大型组合运动器械；也可以引导他们将一些运动器械有机地组合起来，探索多种游戏方法和花样玩法；还可以鼓励他们尝试和体验更加复杂的动作技能和团队合作游戏，如跳大绳、跳皮筋、躲沙包游戏、小足球游戏、小篮球游戏等。

（二）考虑婴幼儿能力水平差异

体育活动中，不仅不同年龄段婴幼儿动作发展有差异，同年龄段的婴幼儿动作发展水平也各有不同，家长或幼教机构教师在为婴幼儿提供同一类型的运动器械和游戏材料时，应尽可能考虑难易程度上的层次性，让婴幼儿能够根据自己的能力选择相应的器械，使每一个婴幼儿都能够体验到成功的快乐。如提供的平衡木应有宽有窄、有高有低、有曲有直等，让不同能力水平的幼儿在练习走平衡木时，都能挑战自己的原有经验，获得不断参与和成功的体验，产生更新的目标，继续保持和增强对体育活动的兴趣，增强幼儿的自信心。

（三）注重运动器械的安全性

运动器械的安全性是选择该种器械的首要条件。大中型固定的运动设备、组合式的运动器械，必须定期检查，发现问题及时解决处理。检查内容主要包括螺丝有无松懈、接口有无松动、有无损坏、是否出现毛刺和豁口等。中小型可移动的运动器械、手持类轻器械以及各种自制器械和游戏材料，要既方便又安全，边角光滑，如需用棒舞动时，可选用海绵棒、纸棒等轻便安全的材料。在幼儿使用运动器械和游戏材料进行活动时，应事先向幼儿提出安全运动和游戏的要求，并在具有一定危险性的运动器械旁边加以关注和保护，及时提醒和帮助幼儿，确保运动中的安全。

（四）注重运动器械的合理搭配

将运动器械和游戏材料进行合理搭配，不仅能提高幼儿的活动兴趣，还可以丰富动作和游戏的内容，从而达到多项锻炼的目的。例如，幼儿玩平衡木时如果只是在平衡木上来回走，那么很快就会失去兴趣。教师可在平衡木上面放置轮胎，让幼儿钻过立起的轮胎或者跨过平放的轮胎；还可以引导幼儿把平衡木架在轮胎上变成高低不同的桥，把平衡木穿过拱形门变成桥洞隧道；还可以将两个平衡木十字形摆放变成跷跷板，让幼儿在最上方的平衡木上走。这样，幼儿活动的兴趣就会随着运动器械和游戏材料的组合变化而持续高涨。

（五）鼓励幼儿探索运动器械的多种玩法

很多运动器械如球、圈、绳、轮胎、木梯等都具有多种操作的可能性，富有变化，是吸引幼儿探究，进行一物多玩的好器材。教师应鼓励幼儿通过材料组合、方位变化、合作游戏等方式，持续创新，丰富玩法。一方面，幼儿可以充分熟悉运动器械的特征，发展各种动作技能，提高多种身体素质，感受和体验运动带来的乐趣；另一方面，幼儿在不断地探索，创造性地进行运动和游戏时，也能领略到运动器械和体育活动的无穷变化，想象力、创造力及社会交往能力也都能获得极大的发展。如在探索"有趣的轮胎"活动中，有的坐在轮胎中心；有的拉车走；有的把轮胎推成小高山，爬轮胎山；有的把轮胎摆成一定的图形进行跳跃练习；有的把轮胎竖起，让伙伴们钻洞……在一系列的综合活动中，幼儿的身体素质有了明显提高，其创造力、想象力及交往能力也有了很大发展。

小　结

　　本章阐述了婴幼儿运动安全的预防工作。培养幼儿的运动安全意识和能力对幼儿运动安全预防工作有着极其重要的意义。掌握科学的婴幼儿运动方法是做好婴幼儿运动安全预防工作的前提。发挥教师的积极作用，运用基本保护方法能最大限度地对婴幼儿进行安全保护，减少或避免运动伤害的发生。合理选择并使用运动器械能够使婴幼儿安全运动，快乐运动。

关键术语

运动负荷　　保护方法　　运动器械

思考与练习

一、简单题

1.培养幼儿运动安全意识及能力的目标是什么？方法有哪些？

2.各年龄段婴幼儿适宜的动作有哪些？动作要领是什么？有哪些练习形式？

3.准备活动与整理活动的内容有哪些？有哪些注意事项？

4.如何科学合理地安排幼儿的运动负荷？

5.体育活动中教师的作用有哪些？

6.幼教机构中常见的运动器械有哪些？如何合理选择及使用？

二、实践与练习

1.根据各年龄段婴幼儿适宜的动作设计相应的婴幼儿体育活动。

2.列举三个幼教机构常用的运动器械，说说其发展价值及安全要求，并设计多种玩法。

拓 展 阅 读

刘馨、张首文：《幼儿园健康教育资源 体育活动》，北京，人民教育出版社，2018。该书围绕幼儿体育活动的基本理论、幼儿体育游戏、幼儿运动器械活动、幼儿体操、幼儿体育教学、幼儿园区域体育活动等方面，为教师提供了必需的理论和背景知识、丰富的内容素材、精彩的使用案例等，是一本内容丰富、实践性强的教育学著作。

第三章
婴幼儿常见运动的安全与保护

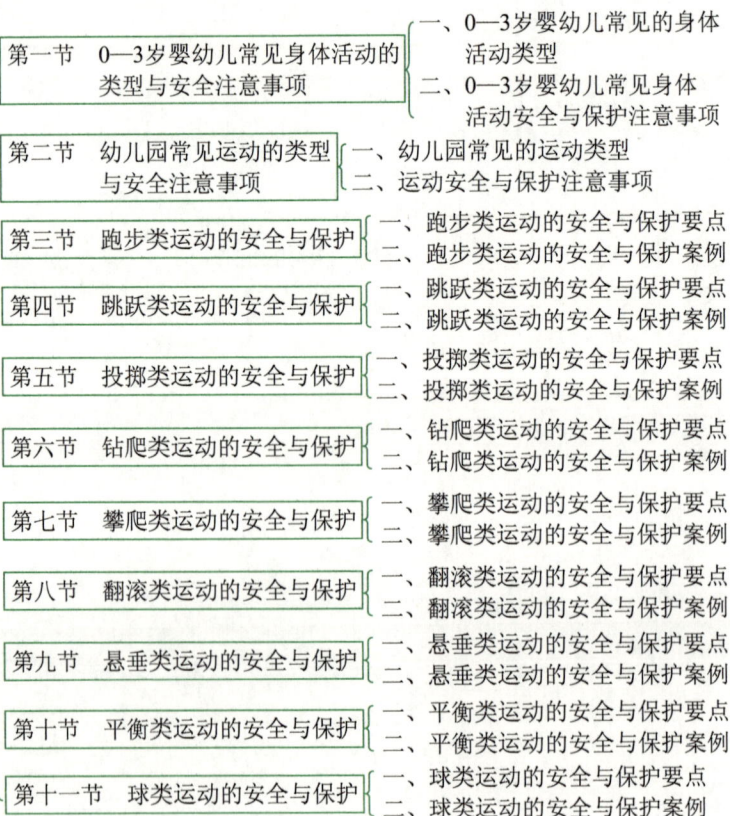

学习目标

1. 了解 0—3 岁婴幼儿常见身体活动类型与安全注意事项。

2. 了解幼儿园常见的运动类型与安全注意事项。

3. 掌握各项运动游戏的安全与保护要点。

4. 理解各项运动游戏的安全与保护案例。

思维导图

第一节　0—3岁婴幼儿常见身体活动的类型与安全注意事项
- 一、0—3岁婴幼儿常见的身体活动类型
- 二、0—3岁婴幼儿常见身体活动安全与保护注意事项

第二节　幼儿园常见运动的类型与安全注意事项
- 一、幼儿园常见的运动类型
- 二、运动安全与保护注意事项

第三节　跑步类运动的安全与保护
- 一、跑步类运动的安全与保护要点
- 二、跑步类运动的安全与保护案例

第四节　跳跃类运动的安全与保护
- 一、跳跃类运动的安全与保护要点
- 二、跳跃类运动的安全与保护案例

第五节　投掷类运动的安全与保护
- 一、投掷类运动的安全与保护要点
- 二、投掷类运动的安全与保护案例

第六节　钻爬类运动的安全与保护
- 一、钻爬类运动的安全与保护要点
- 二、钻爬类运动的安全与保护案例

第七节　攀爬类运动的安全与保护
- 一、攀爬类运动的安全与保护要点
- 二、攀爬类运动的安全与保护案例

第八节　翻滚类运动的安全与保护
- 一、翻滚类运动的安全与保护要点
- 二、翻滚类运动的安全与保护案例

第九节　悬垂类运动的安全与保护
- 一、悬垂类运动的安全与保护要点
- 二、悬垂类运动的安全与保护案例

第十节　平衡类运动的安全与保护
- 一、平衡类运动的安全与保护要点
- 二、平衡类运动的安全与保护案例

第十一节　球类运动的安全与保护
- 一、球类运动的安全与保护要点
- 二、球类运动的安全与保护案例

第三章　婴幼儿常见运动的安全与保护

铅笔伤人

某幼儿园大班的幼儿在体育活动时，教师组织的内容是立定跳远，幼儿在练习过程中，一名女生被裤兜中装有的铅笔扎入小腹，造成重伤。幼儿年龄小，对自己的行为后果的控制和辨别能力不强，没有预见裤兜内携带铅笔做跳跃练习的危险性。造成本次伤害事故的主要原因是该教师在活动准备部分时没有提前进行提醒并检查幼儿是否携带危险物品，对运动伤害的风险预判、识别能力不足。

本章将重点讨论不同运动的安全与保护要点，引导幼儿掌握运动安全与保护的基本方法，并结合翔实的案例来提升幼儿对运动伤害的风险预判、识别能力。

第一节　0—3岁婴幼儿常见身体活动的类型与安全注意事项

一、0—3岁婴幼儿常见的身体活动类型

人类出生后，动作的发展是有顺序的，分为不同的时期，从最早的俯卧抬头到站立，再到能完成复杂的动作技能，这与身体成长和发育密切相关。根据动作发展的顺序，婴儿阶段身体活动包括抬头、翻身、撑胸、坐、爬、站、走、跑、跳等。由于3岁之前身体没发育成熟，主要发展婴幼儿动作模式和运动感知觉，此阶段更应该重视婴幼儿身体活动时的安全防护。

知 识 链 接

0—3岁婴幼儿动作发展顺序

发展大致月份如下：

1个月：头稍稍能抬起。

2个月：会抬头。

3个月：成人扶着站立时脚会缩起。

4个月：俯卧时抬头90°，可由俯卧翻成侧卧，仰卧时，四肢做摆动和脚踢动作。

5个月：俯卧翻成仰卧，扶住腋下会做跳跃动作。

6个月：俯卧时能用双臂支撑上半身，握住成人双手想坐起来。

7个月：由仰卧翻成俯卧，能从腹侧到背侧、背侧到腹侧打滚。独坐。

8个月：俯卧原地打转，匍匐后退或前进。

9个月：扶着会站立，爬行。

10个月：扶物站立。

11个月：扶物行走。

12个月：独站，开步，挽着一只手能走，爬得很好，坐爬可逆，能爬斜坡和楼梯。

15个月：独走自如。

1岁半：爬坡，上下楼梯，带着或推着重物走，推、拉和倾倒东西（1岁半左右的幼儿臂力和脚力都在增强，喜欢做大肌肉的运动），下蹲拾物，跑步。

2岁：踢球，掷球，滚大球，滑滑梯，攀登，双脚跳，倒着走，经常带物跳，弯腰拾物不跌倒，能配合节拍摇摆。

2—3岁：许多单项动作可以转换，如由走到跑到走到下蹲到起立等，动作比较灵活自如，耐力、灵活性、坚持性都在发展，可以较长时间走路2千米以上，球类活动式样不断变化。

二、0—3岁婴幼儿常见身体活动安全与保护注意事项

（一）转头与抬头

婴儿的抬头和转头动作的出现，是婴儿动作发展的第一步。抬头动作主要是控制头颈的活动，依赖于头颈的力量，为其他粗大动作发展奠定基础。可通过玩具逗引、托起下巴、被单垫高、让婴儿照镜子、应用鼓励语言等辅助训练方法帮助婴儿完成俯卧抬头训练，并逐渐让婴儿的头随玩具的方向转动。对婴儿进行抬头训练时，要掌握好时间与规律，最好在婴儿清醒的状态下进行，训练时要空腹，尽量选择在喂奶前1小时进行。婴儿俯卧时，家长应在旁边看护，避免婴儿口鼻被枕头或被子堵塞。

（二）翻身

翻身是婴儿第一次真正意义上的全身运动，要借助头部、胸部、四肢等力量，将身体翻转过来。翻身是婴儿从卧位向坐位发展的过渡阶段。

这个阶段的婴儿身体远没有发育成熟，非常娇嫩柔弱，家长帮助婴儿翻身动作一定要轻柔，注意动作不要太大或过于用力。刚开始训练的时候次数不要太多，注意控制训练时间，以免婴儿身体负荷过大。如果婴儿不能配合完成180°的翻转，可进行侧翻过渡训练。注意不要逆着婴儿的力量方向，不要扭到婴儿的小手和小脚。要多采用诱导式的方法，可通过拉手、抬腿、扶背、玩具逗引等辅助训练帮助婴儿翻身。

（三）学坐

婴儿从卧位变成坐位，身体重心会发生变化，身体的重量需要脊柱承受，对婴儿脊柱和肌肉有一定的要求，因此不能盲目让婴儿练习坐，也不宜过早让婴儿学会坐。

坐的姿势对脊柱和肌肉有一定的要求，当婴儿脊柱还不能在垂直方向承受身体重量时，让婴儿过早地坐会影响脊柱姿势，还会影响某些重要的运动和锻炼，所以要特别注意婴儿学坐的时间不宜太长，训练时间应选择在婴儿精神好并且空腹时，每次1～2分钟；练坐时最好采用双腿交叉向前盘坐，不要让婴儿两腿成"W"状或两腿压在屁股下坐立；不宜过早训练，拉坐时用力要轻柔，注意确保婴儿的手腕不受伤。

（四）爬行

爬行是婴儿大动作发展的关键时期，婴儿爬行时使四肢得到充分活动，为婴儿动作灵活性、协调性、平衡性的发展奠定良好的基础。婴儿爬行时家长要选择较宽敞的场所，铺上干净的地毯或垫子，爬行的区域不要有尖锐的物品。不要选择在婴儿刚进食后爬行。应选择在婴儿情绪好的时候进行爬行训练。

（五）站立

站立是婴儿身心发展过程中一次大的飞跃，是走的前驱期。一般婴儿在9个月左右经由扶持而慢慢学习站立，10个月时能扶着家具站起来，到了12个月大时就可以独立站立。所以在婴儿9—12个月时可以安排站立训练。要注意的是，正常情况下，婴儿7个月时才能伸直膝关节使腿伸直，如果过早让婴儿站立会对婴儿腿的发育带来负面的影响。父母或教师要时刻关注婴儿站立的动作，注意在身边保护，防止婴儿摔伤。

（六）走

婴幼儿11个月到15个月是学会独立行走的年龄，是婴幼儿从摇摇晃晃走几步到掌握身体平衡行走的阶段。婴幼儿开始走路就代表着能更灵活地转移身体各部位的重心，并懂得运用四肢，上下肢动作的发展也已经能协调起来。婴幼儿刚开始学习独立行走，这时走路的样子，像个喝醉酒的人，摇摇晃晃，一不小心就会摔倒，这个时期，我们需要做好婴幼儿的安全防护工作，防止在学步时跌倒造成的伤害。

婴幼儿学走路时，很多家长害怕婴幼儿摔倒，使劲拉扯婴幼儿手臂，这种做法很容易造成婴幼儿肩关节和肘关节脱臼。要尽量不用学步带，学步带虽然可以帮助婴幼儿控制平衡，很多家长会选择买这种又省力又安全的工具，但殊不知，家长用学步带帮婴幼儿保持平衡，不但不利于婴幼儿对平衡力的认知，还容易导致胸部受

📋 小贴士

婴儿多爬行的好处

爬行这个在家长看来很简单的动作，需要协调手部、腿部、臀部等很多器官。爬行对于宝宝来说是个复杂的运动发展过程，对宝宝成长好处多多。

◆提高活动能力

爬行能锻炼宝宝全身大肌肉活动的力量，尤其是四肢活动的协调性和灵活性，是一种综合性的强体健身活动，有助于视听觉、空间位置感觉、平衡感觉的发育，促进身体的协调；还可使血液循环流畅，并且促进肌肉、骨骼的生长发育。

◆增强体质

爬行是宝宝第一次全身协调运动，可以锻炼胸肌、背肌、腹肌以及四肢肌肉的力量；并且爬行中消耗能量较大，有助于宝宝吃得多，睡得好，体重、身长长得快。

◆增进亲子交流

爬行能增进母子间的交流。在宝宝会爬后，在父母的引导下获得的成功体验不断增多，并且能够在爬行中获得兴奋、成功、失败等多种体验。这些体验能够丰富宝宝的情感，研究表明，经常爬行的宝宝见到父母时的兴奋状态明显高于不会爬行的宝宝。

◆促进大脑发育

爬行需要大、小脑之间的密切配合，多爬能够丰富大、小脑之间的神经联系，促进脑的生长。爬行动作由最初的爬行反射，经过抬头、翻身、打滚、匍行等中间环节，最终发展成真正的爬行，需要经历多次的学习、实践；每一次学习与实践都是一次对大脑积极性的调动与激发。因此，学习爬行其实就是对脑神经系统功能的一次强化训练，对于脑的发育具有不可替代的特殊作用。

◆促进社会性发展

婴儿会爬后，他接触父母禁止触动的物品，做父母不允许他做的事情的可能性都大大增加了，这在客观上增加了亲子情绪互动的机会；同时，婴儿会爬行又使得父母意识到婴儿本身的主动性，并使父母开始以一定的规范要求孩子，开始对婴儿不合规范的行为表示不快。这些变化又进一步促使婴儿的社会性情绪发展。

外力压迫而影响呼吸。婴幼儿在学步期间，家里应保持地面干净整洁，把婴幼儿活动范围内的杂物清理干净，避免踩到、绊倒。婴幼儿行动范围内的锐角，如家里的桌角、茶几角等，要用海绵或其他软性材料包裹好，避免婴幼儿学走路时磕碰。婴幼儿对周围的食物充满着好奇，不管什么东西，都想用手一探究竟，所以家里的药品、尖锐物品、化妆品等，都要放在婴幼儿够不到的地方，避免其误食或被误伤。

（七）跑

跑作为人的基本动作技能，几乎伴随着人生的大部分阶段。幼儿在1岁多开始学习跑，但最初阶段只是走跑混合的移动方式，这一时期幼儿只有跑的外形而没有跑的腾空阶段。跑时步幅小，步频快，两脚着地间距宽，这是为了保持身体平衡。2.5

岁以后，幼儿跑的腾空阶段已很明显，跑步动作仍保留很多早期的特点，步幅小而不均，一般为 50～60 厘米；步频快，每秒 4 步左右；后蹬角度大，好像跳着跑，落地重；上体较直，多是直臂摆动，摆动幅度小，与腿的动作配合不甚协调；动作紧张，容易摔倒；速度慢，每秒跑 2.5 米左右；启动慢，转弯、停下、躲闪障碍都比较费力；跑动方向控制不好，耐力很差。

幼儿刚学会跑，由于早期身体形态特征和下肢力量弱、平衡能力差，跑时有头重脚轻之感，摇摇晃晃，容易摔倒。爸爸妈妈们可以通过讲故事或者其他方式来教会幼儿一些安全常识，让幼儿懂得要保护自己。排查会给幼儿带来危险的物品并且清除干净，以免发生意外。家里的家具要装上防撞条。跑的运动量较大，家长和幼教机构教师应该控制运动量，时间不宜过长。

（八）跳

2 岁左右的幼儿经过了走、跑的阶段后该学跳了，可用玩青蛙跳跳、小兔蹦蹦等游戏来鼓励幼儿练习双脚跳起。开始幼儿可能双足不能同时抬起，家长可经常给幼儿做示范，特别是有意让幼儿跳起够一些东西，逐渐训练幼儿双足同时抬起、跳离地面。

2.5 岁以后，在幼儿能较稳定地双足跳离地面的基础上，可教幼儿从一台阶上往下跳。开始一定从很矮的台阶开始，在幼儿有了一定胆量，并能够跳下站得稳定后，再逐渐增加台阶高度。

在幼儿能双足跳离地面，又能从台阶上跳下后，家长可教幼儿在原地往前跳，鼓励幼儿用力向前跳，并不是为了追求远度，只是让幼儿有意识向前跳，从而锻炼幼儿掌握身体的平衡能力。在幼儿能够有意识地向前跳后，也可教幼儿向上跳，即跳出一定的高度，一般这么大的幼儿可跳出 5～10 厘米的高度。注意在练习跳的过程中，家长应时刻保护，并且选择垫子、黏土地等柔软的场地进行，避免瓷砖、水泥地等，防止幼儿摔倒受伤，保护幼儿的髋关节、膝关节、踝关节等关节。

第二节　幼儿园常见运动的类型与安全注意事项

一、幼儿园常见的运动类型

3—6 岁幼儿正处于感知和运动能力发展的关键阶段，对自身潜能的探索，将促进幼儿身心协调发展。运动游戏是以身体运动为主的游戏活动，是幼儿游戏出现得最早的一种形式，一系列的运动满足了幼儿自我发展的需求。根据幼儿基本动作经验的不同，运动类型可以分为跑步类、跳跃类、投掷类、钻爬类、攀爬类、翻滚类、悬垂类、平衡类、球类等多种基本类型。这些具体类型将在后文详细介绍。

知识链接

幼儿期运动的重要性 [1]

幼儿时期各器官、系统机能尚未发育成熟，科学、适宜的运动可有效促进幼儿机能的新陈代谢和正常生长发育。研究表明，适宜的运动有利于提高睡眠质量、塑造匀称健硕的身体形态、降低超重与肥胖的发生概率。同时，适宜的运动对躯体和精神层面都可以产生积极影响，有利于幼儿舒缓压力，获得积极的情绪体验，并且良好的运动习惯对提升健康水平意义重大。

调查发现，在积极开展运动教育的幼儿园中幼儿的跑、跳、投、爬等基础动作能力更为成熟。良好的运动能力是参与更多复杂游戏的前提，也是幼儿在危险情境下自我保护的基础。例如，在身体不稳定的情况下，能够迅速移动身体，转变身体姿势，从而保证身体的平衡，避免发生意外伤害。

二、运动安全与保护注意事项

（一）活动前

1. 了解幼儿身体健康状况

幼儿健康与否是参与运动的前提。幼儿运动前需要了解幼儿的基本动作发展水平、体能水平、是否有疾病等健康状况，判断其是否适宜参与运动。例如，先天性心脏病患者、感冒初愈者、骨折者等，不适宜参与剧烈活动。

2. 检查活动场地、设施与幼儿着装

安全的活动场地和设施是基础。在每次运动之前，教师应根据活动情况选择适宜的活动场地和设施，如爬行适合在垫子上，跑步适合在草地、黏土地、塑胶地等弹性地面上。最关键的部分是检查活动场所和设施的安全性。如果场地不平或太窄，会给幼儿的活动带来危险。尤其要仔细地排查那些不易察觉的细小尖锐异物。例如，在幼儿活动前，教

> **小贴士**
>
> 幼儿参与运动前要进行必要的健康检查
>
> 幼儿入园前后都应该进行必要的健康检查。若发现有幼儿有心脏等方面的疾病，不适合参与体育活动，一定要引起教师格外注意，不能让其随意参与体育活动，否则会对幼儿的身体健康和生命安全产生严重的危害。

---

[1] 李哲、杨光、张守伟、梁思雨：《日本〈幼儿期运动指南〉对我国幼儿体育发展的启示》，载《体育学刊》，2019（1）。

师一定要到活动场地上去认真细致地检查地面上是否有石头和钉子等危险物品，以确保幼儿跑步活动中的安全。运动服装要轻便、舒适，避免过多、过厚的衣服限制幼儿活动。幼儿也不宜穿过硬、过厚的皮鞋或者拖鞋参与运动，以免扭伤、摔伤。

3. 选择适合的天气，把握适宜的时间

雾霾天不宜让幼儿外出户外运动，因为雾霾天空气湿度大，雾霾中不仅带有煤烟、粉尘、病菌等有害物质，而且雾霾层阻止废气向空中扩散。雾霾天湿度大，相对缺氧，幼儿会感到胸闷、心慌、气促、无力。雾霾天视物不清，也易造成幼儿碰伤、跌伤。烈日当空时，幼儿在户外运动容易中暑。饭前、饭后半小时内活动则易吸入冷空气，产生胃痉挛，对幼儿身心造成不利影响。研究表明，上午10时和下午3时是全天中空气较清洁的时间。所以这两个时间段为幼儿最佳活动时间。

（二）活动中

1. 热身充分并有针对性

热身运动，是某些全身活动的组合；在主要身体活动之前，以较轻的活动量，先行活动肢体，为随后更为强烈的身体活动做准备，目的在于提高随后激烈运动的效率、激烈运动的安全性，同时满足人体在生理和心理上的需要。运动之前，人体的机能能力和工作效率不可能在一开始就达到最高水平，因而需要通过热身调整运动状态。热身运动能提高肌肉的温度和人体的体温，从而保障运动安全性。而且提高神经系统的兴奋性，调节心理状态，快速投入运动，同时可以减少运动伤害，提高幼儿参与运动的兴趣。

针对性的热身活动，主要是把基本部分需要掌握的动作安排到热身活动中，对活动比较多的部位起到安全奠基作用。如跳跃，需要下肢用力，所以膝盖起着重要的作用。配合适宜的音乐，进行下蹲弯曲的动作，让膝盖活动起来，并且可以将其作为跳跃动作的一个分解动作。如果是投掷运动，则可以增加上肢的运动，如手臂的弯曲动作。

2. 运动量要适中

运动必须从幼儿生理特点出发，特别要考虑幼儿心脏血管系统和呼吸系统的特点。一方面需要达到锻炼的目的，另一方面要避免运动量过大，导致对幼儿身心的负面影响。运动过程中需要把握劳逸结合、动静结合，运动强度大的动作与运动强度小的动作相结合等原则。例如，要注意把握每次运动之间的休息间隔，将运动强度小的平衡与强度大的跑跳等结合。

3. 根据不同年龄阶段选择适宜的运动游戏

根据基本动作特点，结合不同年龄阶段幼儿的特征，选择适宜的运动游戏，让不同能力水平的幼儿都能得到发展，而避免难度过大或过小的情况。例如，小班幼儿不适宜进行追逐跑游戏，不适宜单腿连续跳等。

4. 教法得当，强调规则

遵守活动规则是保障。在幼儿运动过程中，幼儿对活动内容和活动规则的理解是提升幼儿安全性活动的有效保障。当教师组织活动时，要给幼儿说清楚规则，并要求幼儿遵守规则，逐渐提高其规则意识。在说明体育活动的规则时，教师需要简单明了，如太多或太复杂，幼儿难于理解，更难于掌握。当教师向幼儿做示范动作时，动作必须标准，不能模仿幼儿的错误行为，避免幼儿因好奇心而模仿。如果幼儿违反了活动规则，犯规的幼儿可能会受到适当的惩罚。教师应当注意这里的惩罚不应是体罚或变相体罚，而是如短暂禁止幼儿参加某项游戏活动等。让一些幼儿先慢慢形成良好的习惯，逐渐树立规则意识，从而带动其他幼儿遵章守纪，形成良性循环。

5. 眼观六路，及时发现安全问题

活动过程中，教师需要随时观察幼儿的动作、表情、注意力、运动负荷等情况，观察场地材料的利用情况，对危险做出预判，及时发现活动过程中的安全隐患，并及时消除。

6. 让幼儿掌握动作技能，提高自我保护意识

教师应提醒和警告幼儿注意事项、不能做的动作，教幼儿正确的基本动作、技能、姿势，提高安全系数，掌握自我保护的方法。出现安全隐患后，教师要与幼儿一起分析，讲清潜在的危险，教会幼儿如何做才是正确的，让幼儿逐步积累运动经验，提升自我保护的意识。教师需要掌握不同运动的保护方法，确保幼儿安全。

（三）活动后

1. 充分放松

放松活动是运动结束后的必要内容，是指人体由紧张的运动状态逐步转入相对安静状态的各种缓和运动。运动后充分做好放松活动，对消除疲劳，调整内脏器官状态和心理放松有很好的功效。

> **想一想**
>
> 热身活动与放松活动的内容选择有什么不同？强度有什么区别？

2. 活动后不可让幼儿马上大量饮水或吃冷饮

幼儿在活动后，全身各部分脏器血液流量大大增加，饮用大量水分会给心脏增加很大的负担，长此下去会影响心脏的功能。千万不可在活动后食用冷饮，如喝冰冻汽水等。因为幼儿活动后新陈代谢旺盛，各种脏器的毛细血管均处于扩张状态，血液循环较快，若此时马上食用大量的冷饮，会刺激各处的毛细血管，尤其是胃肠

道的毛细血管立刻收缩，影响胃肠道的血液供应和消化液的分泌，时间一长必定会引起胃肠道的功能紊乱，出现腹泻、腹痛、食欲不振、消化不良等症状。

第三节　跑步类运动的安全与保护

一、跑步类运动的安全与保护要点

在组织跑步类运动时除了需要把握第二节中运动安全与保护的注意事项外，还需要考虑跑步的动作特点，主要掌握以下几个要点。

（一）注意劳逸结合，把握休息间隔

跑步类运动比较剧烈，大部分幼儿的脉搏数都会达到每分钟200次以上，容易造成心脏疲劳。幼儿的呼吸系统正处于发育阶段，呼吸道狭窄，呼吸表浅，长时间跑跳练习容易疲劳。根据运动系统、呼吸系统两个主要系统的特点，幼儿跑步的距离不应太长，强度不应太大。幼儿跑步的强度控制在平均心率120～150次/分为宜，每次游戏之间休息1～3分钟，可以采取教师带领幼儿进行放松活动或者找幼儿分享经验的方法，劳逸结合。例如，进行大班的追逐跑"捉尾巴"游戏，可以采用倒计时1分钟内捉了几个"尾巴"然后轮换来调整运动量的方法，让幼儿有一定的休息间隔。各类跑步游戏参考时间见表3-1。

表 3-1　各类跑步游戏参考休息时间

年龄班	游戏内容	参考休息时间
小班	向指定方向跑	1分钟
中班	四散跑	2分钟
大班	追逐跑	2～3分钟

（二）注意控制跑步速度

要引导幼儿学会控制自己跑步的速度。幼儿自控能力较差，教师可带领着幼儿一起跑，让幼儿体验并逐步掌握跑步的速度。要避免幼儿速度过快，不能控制身体平衡导致摔倒。幼儿掌握跑步的速度以后，在跑步的过程中就不会发生呼吸困难，如憋气等现象，这也是对幼儿最有效的自我保护。也可以采用不同节奏的音乐、鼓点、拍掌等方式来调整幼儿的跑步节奏。

（三）注意活动空间要适宜，避免拥挤

组织跑步游戏时，需要注意跑步时的集体活动空间和个人活动空间要适宜，避免人数较多集中在较小的活动场地上，导致出现碰撞情况。一般来说，活动空间应

📝 **小贴士**

跑步时肚子痛的原因

幼儿在跑步时出现肚子痛的原因可能有以下几个：

1. 准备活动不足、运动不规律或者强度不适导致内脏器官不能适应剧烈的运动，因此在进行跑步前要做好充分的准备活动，运动强度应循序渐进。

2. 由不良的运动习惯引起。例如，饱腹后立即运动或者饭后一小时内运动，引起的肚子疼痛。

3. 幼儿不知道跑步如何与呼吸进行配合，在跑步过程中随着运动时间的延长和运动强度的增大，往往只通过增加呼吸的频率，而不去增加呼吸的深度使呼吸肌的收缩频率加快，从而导致肌肉痉挛产生疼痛。因此在幼儿跑步时教师要特意讲解在跑步过程中如何与呼吸进行配合。

该是班级全体幼儿体操队形散开后的两倍空间左右。具体活动空间，还需要根据跑步的具体游戏内容灵活调整。例如，小班一路纵队跑步时，需要考虑前后间距要达到 1.2 ~ 1.5 米，避免间距过小，出现推搡或者踩脚后跟等情况。

（四）教会幼儿学会避险

跑步游戏前，教师应提醒和警告不能做的动作，如追逐跑的过程中，不能推、拉、拽、撞其他幼儿，逐步让他们学会避让、躲闪，提高安全意识。在组织幼儿练习跑的活动时，教师要告知幼儿，在跑的过程中，不要低着头向前冲，要用眼睛观察周围环境，避免碰撞导致伤害。

二、跑步类运动的安全与保护案例

（一）小班案例

案例 3-3-1　圆圈为什么会越跑越小？

某幼儿园小班教师组织幼儿进行圆圈跑游戏。在跑的过程中，幼儿一个跟着一个跑，但很多幼儿的手臂不摆动或者是摆动不协调。尽管教师提醒幼儿小手前后摆动，但有些幼儿肢体动作不协调，越跑越慢而且很快就跑累了。一些幼儿注意力分散，前后间距越来越小，圆圈也就越跑越小，导致后面的幼儿将前面幼儿扑倒在地，紧随其后跑步的幼儿也都相继摔倒，出现了较大的安全隐患。

【案例分析】

上述案例主要是由于教师没有关注到幼儿的身体动作发展和实际运动情况。小班幼儿大脑皮层的兴奋过程广泛扩散，主要依靠视觉表象来控制和调节动作，肌肉容易过分紧张而不协调、不准确，有多余的动作，控制能力还不够，因而导致动作失控，出现了一个个幼儿相继摔倒的现象。

【安全措施】

1.活动开始部分充分做好热身活动，掌握基本动作要领为安全奠基（见图3-1）。

2.教师通过"顺口溜"口诀讲解跑的动作要领，要浅显明确，帮助幼儿尽快熟悉并掌握（见图3-2）。

图 3-1　教师带领幼儿做热身活动

图 3-2　教师示范标准动作

幼儿跑步时应逐步做到上体正直稍向前倾；积极向前抬腿，用力后蹬，落地轻而稳；两手半握拳，两臂屈肘前后自然摆动；眼看前方，用鼻子或口鼻呼吸，自然而有节奏。集体跑步时，要学会保持适宜的间隔、距离。

儿歌：

身体站直向前倾，小腿抬起用力蹬；

眼睛向前看好路，小拳握紧要端平；

两臂先后摆动忙，前后距离要保持。

3.教师配以游戏化情境和生动的形象，通过故事、儿歌开展活动，让幼儿随情节有节奏地跑，正确调整身体姿态和速度（见图3-3）。

4.通过动物形象的转换或音乐的快慢，调整幼儿跑步的速度和动作，达到让幼儿相互观察及模仿的目的（见图3-4）。

图 3-3　幼儿在情境中参与游戏

图 3-4　同伴间模仿

5.利用头饰、彩色布条等道具进行分组，增加幼儿之间的距离（见图3-5）。

图 3-5　幼儿戴头饰进行游戏（不要挡住脸）

（案例来源：北京市石景山区实验幼儿园　梁瑶）

（二）中班案例

案例 3-3-2　跑步时为什么会肚子疼？

某幼儿园中班教师组织幼儿进行追逐跑游戏，当教师喊出"跑"的口令后，幼儿冲出起跑线，部分幼儿边笑边跑，尽管教师强调调整呼吸，用鼻子呼吸，将小嘴巴闭上，但还是有些幼儿比较兴奋，继续边笑边跑，导致跑步时腹部疼痛，出现安全隐患。

【案例分析】

上述案例主要是由于教师不够了解中班幼儿的年龄特点所致。中班幼儿动作发展较快，肌肉力量和耐力、心肌收缩能力、肺活量都有了一定提高，但其自控能力、肌肉群还不够稳定，跑步时呼吸方式不正确，呼吸太浅，组织不能充分血氧交换，会导致膈肌痉挛的同时，出现腹部疼痛现象。

【安全措施】

1.活动前需要充分热身，使各个身体关节充分活动开，内脏器官才能调整到最适合跑步的状态（见图 3-6）。

2.和幼儿一起制定游戏规则，提示幼儿按照自己制定的规则去行动和表现，帮助幼儿克服自制力差的缺点，激发幼儿遵守规则的意识（见图 3-7）。

图 3-6　热身运动

3.鼓励并表扬姿势标准、遵守规则的幼儿，同伴间的模仿也满足了幼儿好模仿、喜表扬、喜成功的心理需求，从而促使幼儿养成良好的体育常规习惯（见图 3-8）。

图 3-7　幼儿制定规则

图 3-8　同伴间模仿

4. 利用音乐、鼓声等形式，帮助幼儿调整呼吸节奏（见图 3-9）。

5. 及时进行有效口令提示，如提醒幼儿还可以再跑 5 分钟、3 分钟、1 分钟，帮助幼儿降低运动的强度（见图 3-10）。

图 3-9　击鼓调整节奏

图 3-10　教师喊口令

6. 当运动心率在 65% ～ 75% 的范围内时，锻炼效果最显著；当运动心率超过最大心率 85% 时，机体容易疲劳并且不易恢复，运动伤害的概率也大大增加，教师要关注幼儿的心率变化。

7. 教师根据年龄特征和幼儿实际发展水平，调整适宜的跑步距离。距离较短的比赛好处是节奏紧凑、刺激好玩，可以吸引幼儿参与活动，让他们体验成就感。

（案例来源：北京市石景山区实验幼儿园　梁瑶）

案例 3-3-3　"贴人"为什么会受伤？

某幼儿园中班教师组织幼儿进行"贴人"游戏。在追跑过程中，一名幼儿即将"贴"到小朋友身后时，另一名幼儿出来拉拽他。正在这时，奔跑过来的幼儿猝不及防地撞到了被拉拽幼儿的身上，导致被撞幼儿摔倒磕伤了头。

【案例分析】

上述案例是意外事故，但也反映出幼儿在活动中，对危险的事物或行为的认知与判断能力有限，自我保护能力较差的特点，再加上教师对活动规则讲解不到位，导致幼儿出现撞伤现象。

【安全措施】

1. 营造温暖、轻松的心理环境，让幼儿形成安全感和信赖感。

2. 教师在游戏前，示范游戏玩法，根据活动需要提出必要的安全要求，也可通过图示让幼儿明确规则（见图3-11）。

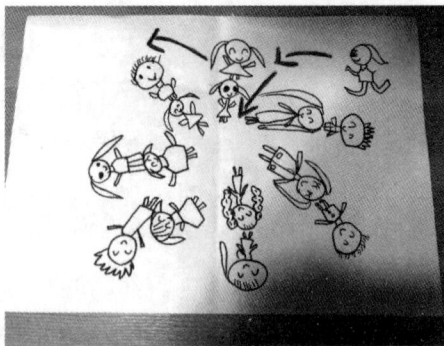

图 3-11　游戏规则图

3. 游戏中幼儿要关注被追者最后停留在哪个队，贴队尾后本队前面的幼儿要迅速逃离（见图3-12）。

4. 增强幼儿自我保护及保护他人不受伤害的意识，如身体失去平衡时应立即向前或向后、向左或向右跨出一大步，以保持平衡。

5. 地面粘贴两种颜色的圆点，内圈一种颜色，外圈一种颜色，让幼儿通过颜色区分是否该轮到自己跑（见图3-13）。

6. 教师要加强对幼儿的保护，注意观察幼儿的动作状况和行为表现，随时提醒幼儿注意安全。

图 3-12　幼儿游戏

图 3-13　场地粘贴圆点

（案例来源：北京市石景山区实验幼儿园　梁瑶）

（三）大班案例

案例 3-3-4　积极参加活动为什么还受到批评？

某幼儿园大班教师组织幼儿分队进行"8"字接力跑竞赛。有一名幼儿积极参加活动，好胜心强，想争夺第一，于是当接到棒时跑得很快，交棒时推了一下接棒的幼儿，导致接棒幼儿由于站立不稳而摔倒。这名积极参加活动的幼儿因此受到了批评。

【案例分析】

上述案例中教师通过两组比赛的形式，调动了大班幼儿的竞赛积极性。大班幼儿参与游戏很活跃，争强好胜，而教师对安全问题和规则意识强调不足，导致幼儿兴奋过度，没有把握安全要点，出现推到摔伤的现象。

【安全措施】

1.幼儿共同制定比赛规则，遵守自己制定的规则，为游戏顺利进行做好保障。

2.开展竞赛对抗类的活动时，要充分考虑安全问题，各环节游戏开始前需先提出安全问题，如交棒时幼儿右手握棒、身体方向等。

3.设置趣味运动场地，可将游戏规则海报、简单提示图投放到明显位置，提示幼儿如何游戏（见图3-14）。

4.教师可利用哨声提示幼儿，哨声要清脆短促，激发幼儿注意力集中。

5.用记分牌或积分墙等形式帮助幼儿记录胜利时刻，增强其参与跑步的积极性（见图3-15）。

图 3-14 游戏规则海报

图 3-15 记分牌

（案例来源：北京市石景山区实验幼儿园 梁瑶）

案例 3-3-5 跑完步为什么停不下来?

某幼儿园大班教师组织幼儿进行加速跑游戏，在跑的过程中，尽管教师提醒幼儿终点减速停下，但有一名幼儿冲刺时摔倒在地，造成手臂擦伤。

【案例分析】

上述案例中该幼儿的摔倒，主要是由于教师没有把握每一名幼儿的身体素质。个别幼儿身体控制能力差，腿部力量差，设置的距离过长，场地终点又没有明显的标志提示，导致幼儿速度太快而不能很好控制身体，出现擦伤现象。

【安全措施】

1.跑步前做好热身活动，活动各关节，拉伸韧带，运动量要由较小开始逐渐增大（见图 3-16）。

2. 设置好标志物和保护设施，在地面张贴颜色明显的缓冲带，投放提示线、终点旗帜等设施，给幼儿直观的提示（见图 3-17）。

图 3-16　热身运动

图 3-17　提示物

3. 增加锻炼幼儿身体控制能力的体育游戏，如听信号做动作、你说我做等，提高幼儿身体反应能力（见图 3-18）。

4. 关注班级每一名幼儿的身体状况和运动能力，安排适宜的跑步距离，并逐步增加难度。

5. 运动过程中，根据幼儿面色、汗量、呼吸、动作质量等方面的状况随时进行运动量的调整。

图 3-18　幼儿游戏

6. 积极赞扬，多鼓励幼儿的进步，对不擅长运动、对跑步没有信心的幼儿，更应该多鼓励培养自信心（见图 3-19）。

7. 对于感冒、咳嗽、流鼻涕等身体不适幼儿，临时调整活动强度，或减少游戏内容。

8. 保健人员应做好幼儿运动的医学监督工作（见图 3-20）。

图 3-19　教师赞扬幼儿

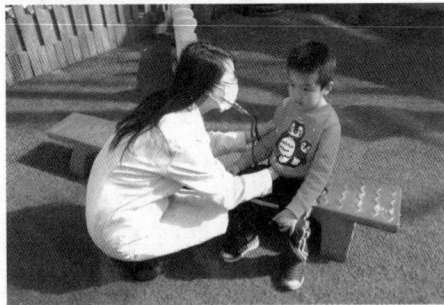

图 3-20　保健医为幼儿检查身体

（案例来源：北京市石景山区实验幼儿园　梁瑶）

第四节　跳跃类运动的安全与保护

一、跳跃类运动的安全与保护要点

在组织跳跃类运动时除了需要把握第二节中运动安全与保护的注意事项外，还需要考虑跳跃的动作特点，主要掌握以下几个要点。

（一）场地适宜

跳跃的落地动作对幼儿身体的骨骼和关节具有一定的冲击，从生理学角度分析，幼儿骨骼和关节都比较脆弱，需要给予一定的保护和缓冲。因此要根据跳跃的类型如立定跳、高处向下跳、助跑跨跳、双脚连续跳等选择适宜的跳跃场地，如草地、黏土地、沙地、塑胶地等平整的弹性地面，避免地板砖、水泥地等硬地面以及坑洼不平的地面。例如，立定跳适合在黏土地、塑胶地等弹性地面上进行，而不宜直接在地板砖或者水泥地上进行。一定高度向下跳，适宜在草地、沙地上进行。适宜的场地可以有效地避免幼儿受伤，保护好踝关节、膝关节、髋关节等关节。

（二）注意保护材料的选择与使用

如果地面弹性小（水泥地）、跳跃的高度较高、地面坑洼不平等，需要选择保护性材料确保活动的安全进行。保护材料以垫子为主。在选用垫子时需要考虑垫子的弹性和厚度。要弹性适宜，过软容易导致脚站不稳而出现崴脚，过硬导致落地后再次反弹，出现对脚踝的反弹冲击。垫子主要材料有珍珠棉、PE棉、高密度软体海绵，一般以选择软硬适宜的高密度软体海绵为宜，厚度20～50厘米。垫子根据运动需要放在下面或者前面，如可以放在从高处向下跳的下面，可以放在立定跳落地位置前面一点。

> **小贴士**
>
> 幼儿骨骼中有机物和无机物各占50%，骨骼的弹性较大，可塑性大，在外力作用下易发生形变，但不易骨折。因此，在幼儿时期应注意身体姿势的塑造。
>
> 如果负重过大、静力性动作过多或者受到剧烈的冲击、震动，容易造成幼儿脊柱弯曲、骨盆和腿部畸形，也会使骨化过程过早完成或者造成骺软骨的损伤，影响骨骼的生长发育。

（三）跳跃的高度、次数要适宜

跳跃动作对下肢的负荷较大，容易导致腿部疲劳。因此跳跃的高度、次数要适宜。例如，高处向下跳不能追求过高，并不是越高越好，一般来说以小班15～25厘米，中班25～30厘米，大班30～35厘米为宜。跳绳或者单双脚连续跳的次数需要适量，不追求比多。

幼儿跳跃游戏时要保持一定的活动间距，以两臂距离为宜。例如，一个接一个进行双脚向前连续跳，教师需要随时观察，确保幼儿前后保持一定的距离，避免相撞。

（四）教会幼儿掌握各种跳跃类运动的落地动作

跳跃的落地动作是很多幼儿掌握较慢的环节，落地动作掌握不好容易导致幼儿落地失去平衡而跌倒或者导致受伤。因此需要在游戏中逐步让幼儿学会各种跳跃的落地动作。例如，学会高处向下跳的落地屈膝缓冲动作、助跑跨跳落地后的向前缓冲步动作、立定跳后的双腿屈膝缓冲保持平衡、摔倒后的双手撑地等。可以采取游戏化的方式把落地动作融入其中，如高处向下跳后双手摸垫子。

知识链接

为什么幼儿在跳跃过程中容易受伤？

跳是一种身体弹射技能，动作过程包括单脚或者双脚的起跳、腾空、落地。跳需要全身协调发力，要求具有良好的爆发力、平衡能力、身体控制力。

幼儿在 2 岁左右开始出现跳跃动作。[1] 由于幼儿腿部力量不足，各关节肌肉、韧带的保护性较弱，所以落地时容易发生损伤。此阶段幼儿平衡能力较差，手脚配合不协调，在跳跃过程中不能有效控制自己的身体，如果跳跃高度过高会出现失衡现象，导致幼儿发生运动伤害。

（五）教师掌握幼儿跳跃的保护方法及合理站位

教师恰当的保护方法可以有效避免运动伤害，合理的站位可以及时观察幼儿运动从而及时进行保护，一般站位都是处于落地区域一侧，便于保护。例如，做跳进纸箱游戏时，教师可以站在幼儿对面，双手扶着幼儿的双手，借力保护；做立定跳跃游戏时，教师可以站在落地位置一侧，如果出现幼儿落地不稳向前或者向后摔倒时，可以及时进行保护。

二、跳跃类运动的安全与保护案例

（一）小班案例

案例 3-4-1　为什么简单的跳一跳也会受伤？

户外活动中，小班教师在组织幼儿进行跳跃类游戏时，幼儿经常会玩得很开心，兴趣很高，但是仔细观察就会发现，有的幼儿是膝盖直直地跳，有的幼儿是脚一前一后地跳，还有的幼儿是边跑边跳，等等。幼儿的跳跃动作很不规范，跳

---

① 秦培府、刘鎏、朱子平：《境外学龄前儿童"走、跑、跳"基本动作技能研究述评》，载《山东体育学院学报》，2019（6）。

跃后落地的身体控制能力差，导致经常有摔倒的现象，特别容易造成膝盖的损伤。

【案例分析】

小班幼儿存在运动能力、空间感知能力及身体协调性较弱，跳跃动作比较僵硬、不会缓冲，跳跃的稳定性较差等特点。这些导致幼儿在跳跃的过程中，无法更好地控制身体的平衡性，因而常会出现摔倒现象。

【安全措施】

1.活动前教师可以赋予幼儿小动物的角色，做好跳跃前的准备活动，如活动脚踝、膝盖，原地向上跳一跳等（见图3-21）。

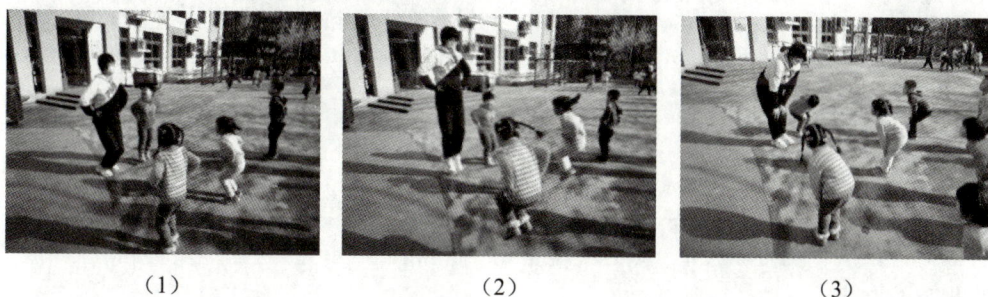

（1）　　　　　　　　　　（2）　　　　　　　　　　（3）

图 3-21　准备活动

2.可利用彩色呼啦圈或彩带进行路线划分，用材料引导幼儿跳跃的路线和方位，避免发生碰撞（见图3-22）。

3.对于不会双脚跳的幼儿，教师可以利用辅助材料（如软包）夹在两脚之间帮助幼儿练习双脚并齐向前跳（见图3-23）。

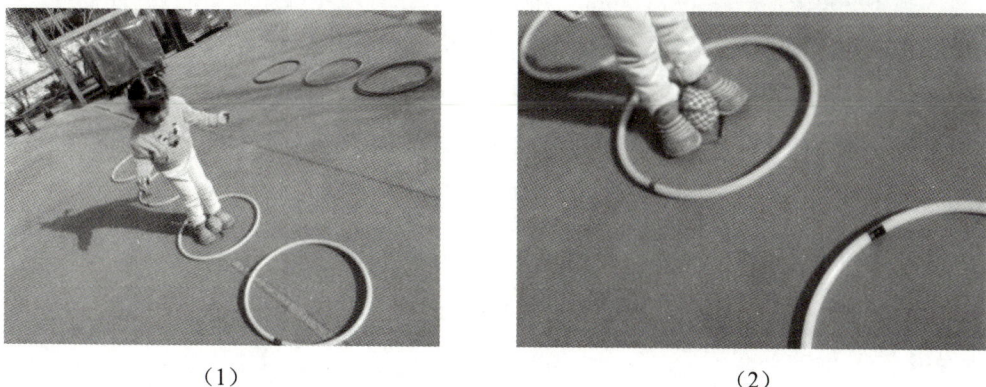

图 3-22　呼啦圈路线

（1）　　　　　　　　　　（2）

图 3-23　辅助材料

4.结合小班幼儿爱模仿的特点，活动中教师应以游戏伙伴的方式共同参与，带动幼儿用正确的方式参与跳跃活动，避免动作不正确造成的膝关节、踝关节损伤，提高幼儿的弹跳能力（见图3-24）。

5.游戏中对于部分幼儿，教师可给予适当的帮助，如拉着幼儿的手或站在旁边给予保护，让幼儿有安全感，减少不必要的伤害发生（见图3-25）。

6.根据园所活动场地大小，调整幼儿活动人数。如可在同等时间同样游戏的前提下将幼儿分成能力不同的三组，由三名教师分别带一组幼儿活动，避免人多、能力不同带来的隐患。

图 3-24 模仿跳

图 3-25 教师保护

（案例来源：北京市石景山区实验幼儿园　王艳婷）

案例 3-4-2　怎么又挨在一起了？

某小班户外游戏时，教师组织幼儿进行跳圈的游戏活动。幼儿排好队一个接着一个依次跳过每一个摆好的呼啦圈。活动中，出现了前边幼儿还没跳过去，后边幼儿就跟着前边的幼儿跳在了同一个圈里，前边的幼儿被推倒的现象。

【案例分析】

小班幼儿在游戏中常常是自我意识占主导地位，距离感知力和空间感知力不强。加上他们的注意力时间短，规则意识较差，身体的稳定性、协调性和平衡性又弱，因而游戏中会比较容易出现安全问题。对此，教师应选择局限性较小的材料辅助游戏，材料的摆放上也要科学、合理，避免过密过近造成的拥挤。

【安全措施】

1.在场地的选择上，尽量选择宽阔的塑胶地面或者软的泥土地面进行跳跃活动（见图3-26）。

2.辅助材料的数量要能够保障，既要满足小班幼儿连续跳跃2米的需求，同时

图3-26 适宜的场地

图3-27 适宜的间距

也要满足几组幼儿同时进行游戏的需求。圈与圈之间的距离保持在20~25厘米的距离，避免前后幼儿之间贴得太近（见图3-27）。

3.以游戏材料的颜色或不同图案为标志，明确距离位置，避免距离过近造成的拥挤或距离过远造成的持续等待（见图3-28）。

4.活动前及活动中随时提示幼儿遵守游戏玩法和要求，引导幼儿遵守游戏中的规则。

图3-28 不同颜色的呼啦圈

（案例来源：北京市石景山区实验幼儿园 王艳婷）

（二）中班案例

案例3-4-3 为什么会摔跟头？

某天下午户外游戏，中班教师组织幼儿玩跳袋接力赛。幼儿分成四组，两组两组相对而站。比赛的幼儿双脚站在跳袋里，两只手向上提着跳袋努力地向前跳。为了加快速度，有的幼儿刚站在跳袋里就急于向前出发，造成绊倒擦伤的现象。

【案例分析】

跳袋游戏是锻炼幼儿手臂向上提的力量以及上下肢协调配合、下肢力量、平衡能力等方面的游戏。由于中班幼儿在体育游戏中下肢力量和身体平衡协调能力不足，又急于取胜，很容易造成游戏中出现摔倒受伤的现象。

【安全措施】

1.运用正确的跳跃方法进行游戏：屈膝准备，双脚并拢同时起跳，落地时膝关节微屈缓冲。教师示范正确的跳跃方法，采用不同方式帮助幼儿练习、巩固正确的跳跃方式（见图3-29）。

2.掌握材料的用法：双脚站立在跳袋内，双手向上用力拉住跳袋，屈膝向前跳，起跳的同时双手保持向上拉的状态和力度。屈膝落地缓冲，重复下一组动作。中班幼儿在运动中的灵活性和协调性较之小班有了一定的提高，但对于行进间跳袋的玩法还是不太熟悉，上下肢的协调配合也不顺利，应先鼓励幼儿尝试学习原地跳袋的玩法（见图3-30）。

图 3-29　教师示范

3. 游戏前教师要提示幼儿跳袋游戏的注意事项，引导幼儿有基本的自护意识，如摔倒时用手撑地进行缓冲，加强幼儿的安全意识。

4. 可以利用园所适宜的障碍物（如塑料锥桶、废旧轮胎、大型泡沫积木块等）减缓幼儿跳跃的速度，如可把锥桶间隔1米的距离摆放，鼓励幼儿绕着锥桶跳，帮助幼儿从慢到快逐渐过渡（见图3-31）。

  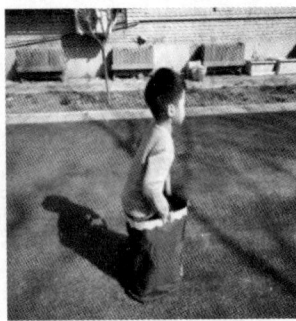

（1）　　　　　　（2）　　　　　　（3）

图 3-30　跳袋练习

 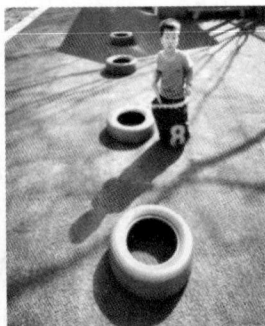

（1）　　　　　　　　　（2）

图 3-31　辅助材料

（案例来源：北京市石景山区实验幼儿园　王艳婷）

幼儿园户外活动时间，中一班的教师组织幼儿进行单双脚交替跳跃游戏。教师把数字荷叶、隔离栏交替摆放，幼儿则双脚跳过隔离栏，单脚跳上数字荷叶。游戏过程中有的幼儿直接从隔离栏上迈过去，有的幼儿单脚跳上数字荷叶的时候有点打滑，有的幼儿出现了被隔离栏绊倒的现象。一次单双脚交替连续跳的游戏出现了多处安全隐患。

【案例分析】

在上述的案例中，教师没有考虑到中班幼儿的运动特点。处于中班阶段的幼儿虽然跳跃能力发展比较快，动作也日趋合理和丰富，但他们的腿部肌肉力量仍然不足，身体的灵敏性和协调能力有限。因此，教师在组织幼儿进行单双脚交替跳跃活动时应综合考虑多种因素，既要满足幼儿交替练习的需要，又要思考辅助材料的适宜性，把安全问题降到最小，让幼儿快乐安全地参与游戏。

【安全措施】

1. 幼儿自身着装的适宜性：跳跃类游戏要求幼儿活动自如，衣服应穿着宽松的运动裤，鞋子应是舒适的运动鞋，避免穿硬底鞋、皮鞋、雪地鞋等不适宜运动的鞋子。

2. 跳跃类游戏辅助材料的选择：应结合班级中幼儿的实际发展水平，符合中班幼儿的运动特点，在高度选择上避免过高的隔离物，可根据幼儿的游戏状态从低到高逐渐增加（如设置20厘米和30厘米两种不同高度的障碍物，障碍物宽度以3～5厘米为宜），在保障安全的前提下完成游戏练习（见图3-32）。

（1）　　　　　　　　　　　　　　　　（2）

图 3-32　适宜的高度

3. 案例中数字荷叶垫的使用应考虑活动场地的实际情况（地面是否防滑）以及摆放距离的大小情况。适宜的场地和摆放距离能有效地保障活动的顺利进行（见图3-33）。

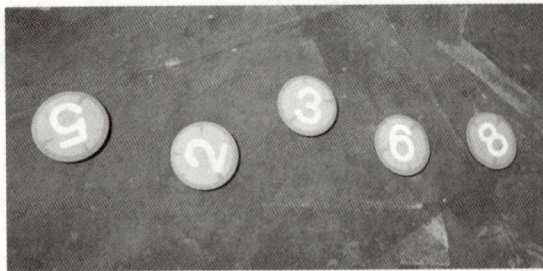

图 3-33　适宜的间距

（案例来源：北京市石景山区实验幼儿园　王艳婷）

（三）大班案例

案例 3-4-5　为什么被跳绳抽伤？

某天大班户外活动时间，教师在组织幼儿进行跳绳活动。幼儿自取跳绳在操场上进行自由练习。游戏过程中，教师提醒幼儿注意距离，不要互相被跳绳打到，但仍不时出现幼儿被跳绳抽伤的情况。

【案例分析】

上述案例中主要问题是教师对于幼儿游戏的场地需求不够明确造成的。大班幼儿已经有了一定的自我保护意识，能与同伴主动交流和沟通问题，但怎样的距离才是安全适宜的距离，仍没有特别明确的概念。所以，教师应根据幼儿的实际水平合理利用现有场地，避免出现幼儿活动空间过小，而扎堆拥挤的现象。

【安全措施】

1.根据幼儿的能力不同进行分组，借助园所场地的先天条件，将不同能力的幼儿分在不同的场地进行游戏。如前进式跳绳的幼儿一组，可以选择一小块长方形的场地，从一边向另一边进行同方向练习；原地跳的幼儿一组，可以选择宽阔的场地进行游戏；不太会跳的幼儿一组，则在固定位置练习（见图3-34）。

（1）　　　　　　　　　　　　（2）

图 3-34　适宜的场地

2.利用场地中做操用的固定地贴，让每名幼儿距离3～4个地贴的距离，用标志物物化距离意识，合理划分空间，帮助幼儿保持适宜的距离（见图3-35）。

3.引导大班幼儿根据自己的需求调整跳绳的长短。适宜的跳绳长度也能够有效地保障幼儿在跳绳游戏中的安全，避免因跳绳过长或过短造成的绊倒和抽打伤（见图3-36）。

图 3-35　适宜的间距

（1）　　　　　　　　　　　　　　（2）

图 3-36　安全的间距

4.进行集体游戏时，可鼓励幼儿一起合作玩跳长绳（见图3-37）。

图 3-37　跳大绳

5.在日常活动中渗透游戏安全意识，组织大班幼儿讨论安全游戏的规则和方法，引导幼儿知道如何保护自己不受伤害，也注意同伴的游戏安全。

（案例来源：北京市石景山区实验幼儿园　王艳婷）

案例 3-4-6　莫名其妙地摔倒了

某天晨间活动时间，大班的几个幼儿正在玩"斗鸡"的单脚跳游戏。由于此游戏需要一条腿长时间保持单独跳跃状态，有的幼儿显然平衡能力不是太好，身体晃动得比较厉害，不但要单脚着地，还要前进后退甚至躲避其他幼儿的撞击。因此，有的幼儿就被直冲而来的伙伴给撞倒了。

【案例分析】

"斗鸡"游戏是大班幼儿比较喜欢玩的民间游戏之一，这个游戏运动量较大，有一定的难度和技巧性，要求幼儿身体的平衡能力、耐力及灵活躲闪能力强。在单脚站立方面，虽然大班幼儿能够单脚连续向前跳8米左右、站立20秒，但幼儿间在体力、单脚站立时间以及自身力量方面都有着明显的差异，因此，容易出现个别幼儿因体力不支而出现摔倒的现象。

【安全措施】

1.环境场地的选择上，要选择比较空旷无任何器械的塑胶场地。同时应利用园所场地的优势，如场地的颜色划分、锥桶或标志杆等物品设定游戏范围（见图3-38）。

（1）　　　　　　　　　　　（2）

图3-38　游戏场地范围

2.通过日常游戏（如金鸡独立、跳房子等）有意识地增强幼儿腿部力量，锻炼其平衡能力（见图3-39）。

 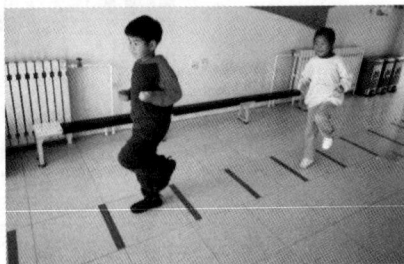

（1）　　　　　　　　　　　（2）

图3-39　力量练习

3.游戏中对于挑战性强、动作激烈的游戏活动应做好幼儿人员的分组，尽量避免人数过多造成的碰撞伤害。

4.针对"斗鸡"游戏的特殊性，明确游戏规则和注意事项，避免过度碰撞带来的伤害。

（案例来源：北京市石景山区实验幼儿园　王艳婷）

第五节　投掷类运动的安全与保护

一、投掷类运动的安全与保护要点

在组织投掷类运动时除了需要把握第二节中运动安全与保护的注意事项外，还需要考虑投掷的动作特点，主要掌握以下几个要点。

（一）重视活动前的安全教育，加强安全提示

活动前教师应根据教学内容和幼儿年龄特点及时进行严格的安全教育，初次接触投掷的幼儿和那些活泼好动、自控力差的幼儿要作为安全教育的重点。安全预防措施要贯穿整个投掷活动的始末，切忌虎头蛇尾。要求幼儿在游戏中注意力高度集中，对于安全要点要及时提醒。

（二）选择适宜的投掷材料

幼儿进行投掷的材料可以多样化，避免单一性。但是需要确保材料的适宜性和安全性，如投掷材料一般选用皮革或者布料等软性材料，不要选择过大、过硬、过于尖锐的材料。幼儿园常用的投掷材料主要有沙包、布包、羽毛球、纸棒、其他各种小球等，要避免使用成人篮球、棒球等过大、过重的材料。幼儿园篮球一般是 4 号球，圆周 650 ～ 670 毫米，重量 465 ～ 535 克。

（三）投掷的空间适宜，务必做到场地布局、幼儿站位、投掷间距、投掷方向、投掷区距离五固定

投掷需要一定的空间范围，因此要根据投掷的类型确保适宜的间距、高度和距离，保障个人安全活动空间以及集体的安全活动空间。例如，两队面对面投掷，就需要两队间距要超过幼儿投得最远的距离，避免幼儿被击打到。如果是两队采用布包进行相互击打，那么距离可以近一些，一般在布包落地的下缘处，而不能在布包抛物线的中段，不然过于靠近，击打的力度会较大。对于惯用左手的幼儿，应将其安排在练习队形的左侧排头位置，以确保相邻位置幼儿的安全。

幼儿需要与投掷物落地点保持一定距离和高度。例如，进行拍篮球或者网球击地后接反弹球的时候，头不能在球落点的正上方，这样容易被球反弹撞到。

（四）保护好头部

投掷物具有一定的重量和速度，如果击打到幼儿要害部位，容易导致运动伤害。因此需要禁止做危险动作和做好保护。如打沙包游戏，一方面要禁止击打头部、脸、鼻、眼睛等，另一方面可以借助头盔保护，或者用双手护头等。

（五）教会幼儿学会躲闪，提高自护能力

利用投掷游戏，教会幼儿学会躲闪，提高自我的保护能力。如借助各种球或者

沙包等材料进行地面、空中等躲闪游戏，提高幼儿的反应能力以及躲避能力。

二、投掷类运动的安全与保护案例

（一）小班案例

案例 3-5-1　为什么老被沙包打？

某幼儿园小班教师组织幼儿进行打怪兽的投掷游戏，所选的材料有沙包、纸箱、自制的怪兽若干个。在投掷的过程中，多名幼儿根本打不到教师设置的标志物，每次都打到离自己很近的地方。于是很多幼儿为了能打到标志物就会不由自主地往前移动，甚至跑到怪兽面前去投掷，导致被后面幼儿投掷的沙包打到身体。

【案例分析】

上述案例主要是教师忽视小班幼儿的实际投掷水平所致。小班幼儿投掷水平属于前控制水平阶段，投掷方法不正确，上肢力量较弱，会影响投掷的动作和投掷远近，同时教师在投掷的材料选择和场地距离上缺乏考虑，投掷物距离过远、过小导致幼儿因打不到怪兽而跑到前面去，出现拥挤和被投掷物打到的现象。

【安全措施】

1. 为小班幼儿提供较多、较大，易于观察的投掷物（见图 3-40）。

2. 单手投掷材料的大小以幼儿能抓握为宜。如 10 厘米左右的网球、沙包、布包、羽毛球、纸棒、小篮球、小足球、小排球等，避免成人篮球、棒球等过沉过重的材料。

3. 小班幼儿单手投掷距离是 2 米左右，应提供宽阔平坦的场地，合理分散摆放怪兽，让幼儿有足够的投掷空间（见图 3-41）。

图 3-40　投掷靶标物

图 3-41　适宜的投掷空间

4. 在各个方向张贴、悬挂标志物，也可利用户外的大型运动器械或建筑物作为标志物（见图 3-42）。

（1）　　　　　　　　　　（2）

图 3-42　标志物

5.把动作要领融入儿歌中，便于幼儿记忆掌握。

6.以游戏的形式逐步建立规则意识，可以在投掷线前放置障碍物作为阻隔，用圆点、小脚丫等标志物规定投掷站位（见图 3-43）。

图 3-43　投掷游戏

（案例来源：北京市石景山区实验幼儿园　张未君）

案例 3-5-2　怎样避免投掷物打到自己？

某幼儿园小班教师组织幼儿进行寻宝抛接游戏。抛接材料丰富，两名幼儿一组，一个幼儿投，另一个幼儿接，但幼儿投接的距离越来越近或者越来越远，还经常出现被击中鼻子、眼睛、牙齿等部位的现象，安全隐患较大。

【案例分析】

上述案例主要是由于小班幼儿上肢力量不够，灵活躲闪能力欠缺，空间距离感知差，对于投过来的物体不能很好地判断位置和速度所致。在活动中，教师没有把握活动材料的重要性，所提供的材料过硬、过大、过沉，在场地的利用和组织方法上也存在一些问题，投接距离越来越近或者越来越远，这些都容易造成幼儿被物体砸伤。

【安全措施】

1. 教师应提前掌握投掷材料的特性，提供弹性弱、体积大、柔软的材料。

2. 在地面上贴上地贴，确保投接的距离（见图3-44）。

3. 可以提供一些容器用来接物（见图3-45）。

图 3-44　地贴

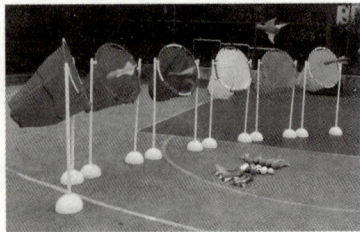

图 3-45　投掷筐

（案例来源：北京市石景山区实验幼儿园　张未君）

（二）中班案例

案例 3-5-3　为什么头部总是受伤？

某幼儿园中班教师组织幼儿进行野战部队的投掷游戏。游戏分为红、蓝两队，相互投掷，以动态的人物作为投掷目标。游戏过程中不断有幼儿被同伴打到头部，导致游戏不得不停止。

【案例分析】

上述案例主要是由于中班幼儿投掷动作、角度、方向都不太稳定所致。并且，教师选择的游戏内容也不太适宜，实战型对抗类投掷游戏对中班年龄段幼儿来说难度较大；教师对材料的准备也不充分，没有任何头部的保护措施。

【安全措施】

1. 教师应基于活动目标选择适宜的游戏内容。幼儿单手肩上投掷的内容设置应该从掷远再到掷准固定物体再到掷准移动物体，同时多开展掷远活动，在幼儿投掷动作模式比较成熟后再开展掷准内容；掷准的目标物应由大到小，由固定到移动，逐渐提高难度。

2. 教师应明确游戏规则及要求，禁止做"击打头部、脸、鼻、眼睛等"的危险动作。可以让幼儿借助头盔保护，或指导幼儿做双手护头的动作等（见图3-46）。

3. 通过教学活动及过渡环节给幼儿渗透运动中的安全教育，让其掌握基本的自我保护方法。

4. 中班幼儿应减少对投活动，采取定点投掷的办法，避免幼儿因控制能力不足造成的运动伤害（见图3-47）。

图 3-46　头盔

图 3-47　分组投篮

（案例来源：北京市石景山区实验幼儿园　张未君）

案例 3-5-4　球为什么总是弹回来？

某幼儿园中班教师组织幼儿进行篮球投掷游戏，过程中多名幼儿持成人篮球投向同一个球框，不小心击中活动室的窗户，导致玻璃被击碎，出现了较大的安全隐患。

【案例分析】

上述案例主要是由于教师对于场地位置及投掷物品的选择不适宜所致。中班幼儿对于投掷的出手角度、方向都不太稳定，如果场地周围有危险易碎物品，就会造成很大的安全隐患。成人篮球对于中班幼儿来说较大，教师选择材料存在问题。规则不清，材料准备不充分，球框的数量不够，这些都是造成安全隐患的原因。

【安全措施】

1. 应选择更适宜中班幼儿抓握的 4 号小篮球，这样投球出手比较省力。

2. 篮球投掷的游戏应选择地面平整、四周空旷、面积适宜的场地（见图 3-48）。

3. 教师应在游戏过程中提示游戏规则，保持一定的安全间距，如个人空间需要保持在半径 1 米的圆圈，减少碰撞，发现问题及时提醒，避免危险发生。

4. 材料准备上应多提供一些球框，供幼儿及时使用，避免拥挤（见图 3-49）。

图 3-48　适宜的场地

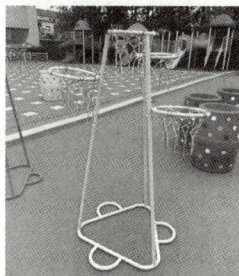

图 3-49　数量充足的球框

（案例来源：北京市石景山区实验幼儿园　张未君）

（三）大班案例

案例 3-5-5　怎样避免碰撞？

某幼儿园大班教师组织幼儿进行打鸭子的投掷游戏。一部分幼儿围成圈作猎人，一部分幼儿扮演鸭子在圈中躲闪。在投掷的过程中，扮演猎人的幼儿围成的圈越来越小，导致扮演鸭子的幼儿在狭小的空间中躲闪，因而出现相互碰撞摔倒的现象。

【案例分析】

上述案例主要是由于教师忽视了幼儿的年龄特点所致。幼儿对于空间的感知能力差，身体的控制能力及上肢力量比较弱，在投掷的过程中，容易造成不断向前近距离投掷的情境。教师没有充分地利用场地，导致集体和个人的空间过小，出现拥挤摔倒的现象。

【安全措施】

1. 遵循《3—6岁儿童学习与发展指南》中提出的不同年龄段幼儿投掷距离的原则，3—4岁幼儿要能单手将沙包向前投掷2米左右，掷远环境的设置需要5米以上；4—5岁幼儿要能单手将沙包向前投掷4米左右，掷远环境的设置需要7米以上；5—6岁幼儿要能单手将沙包向前投掷5米左右，掷远环境的设置需要8米以上。

图 3-50　场地分区域

2. 结合大班幼儿个体差异设置场地距离，对班中幼儿的掷远能力要有一定的了解，帮助参与游戏的幼儿合理分组进行游戏（见图3-50）。

3. 教师应适度参与到游戏中，作为同伴与幼儿共同进行打鸭子游戏，适时负责掷包并及时调整躲闪空间，避免空间越来越小。

4. 在场地中贴点标志物以调整距离，教师带领幼儿在标志物范围内进行躲闪。

5. 观察幼儿的投掷动作，教师针对幼儿的投掷动作进行适当指导，如发现碰撞现象，及时调整躲闪人数，减少密集度。

6. 建立游戏规则。幼儿要在规定的场地进行投掷，捡回沙包后还要回到固定的地点进行投掷。

（案例来源：北京市石景山区实验幼儿园　张未君）

某幼儿园大班教师组织幼儿进行炸碉堡（网球）投掷游戏，七八轮游戏结束后，很多幼儿都感觉手臂疼痛。

【案例分析】

上述案例主要是由于幼儿关节的稳定性和牢固性差，肌肉细嫩，弹性能量储备较少，收缩力量和耐力较差等原因所致。幼儿身体各部分发育不平衡，大肌肉、上肢肌发育先于小肌肉、下肢肌，肌力的增长不均匀。教师对大班幼儿的水平不太了解，设置活动环节强度过大，活动中没有注重动静交替，没有与其他动作如爬、跳等的融合，从而造成手臂过于疲劳，产生疼痛感。

【安全措施】

1. 大小肌肉协同发展。教师对于运动项目安排要注意均衡发展肌肉力量，发展大肌肉群力量的同时，也要发展小肌肉群力量。投掷活动可以与发展大肌肉群的爬行、跳跃等动作融合进行游戏，避免单一的手臂练习。

2. 提供的材料要有一定的层次性，如可以提供重量、大小不一的沙包、布包、纸包等，幼儿根据自己的需要进行选择投掷。

3. 提供一定的保护材料，如护腕等。

4. 运动强度和时间的掌握。强度大的投掷活动前后要有热身和放松运动，动静交替，时间不宜过长（见图3-51）。

图 3-51　热身活动

（案例来源：北京市石景山区实验幼儿园　张未君）

第六节　钻爬类运动的安全与保护

一、钻爬类运动的安全与保护要点

在组织钻爬类运动时除了需要把握第二节中运动安全与保护的注意事项外，还需要考虑钻爬的动作特点，主要掌握以下几个要点。

（一）高度、宽度、长度适宜的钻爬材料

适宜的钻爬材料便于钻爬活动的开展，有利于幼儿钻爬动作的掌握和发展。钻

爬材料的高度一般低于幼儿弯腰后的高度，在游戏中幼儿需要降低身体的姿态。如果钻爬的桌子过高，那么对于钻爬动作的练习没有多大帮助。钻爬材料的宽度和长度需要适宜，避免过窄、过宽或者过长。例如，钻爬筒或者连接起来的长纸箱中间需要有透光的地方，一方面便于教师观察幼儿的活动过程，另一方面减少幼儿对黑暗的恐惧感。

（二）控制好速度，保护好膝盖和头部

钻爬过程中膝盖会接触地面，而幼儿的膝盖比较脆弱，容易受伤。因此需要在垫子或软地垫上进行钻爬，保护好膝盖，避免受伤。钻爬的空间较小，需要幼儿降低身体姿态，同时要控制好钻爬的速度，尽量不进行钻爬筒比赛，避免头部撞击到障碍物。

（三）前后保持一定的间距，学会眼睛观察前方

在游戏时教师需要及时观察并提示幼儿眼睛观察前方，与前后幼儿保持一定间距，避免因低头爬忽视障碍物或其他幼儿，导致撞到头部或腿踹到后面的幼儿。

（四）教会幼儿学会判断钻爬筒高度调整身体姿态

在游戏中，引导幼儿学会判断钻爬筒的高度从而调整身体姿态到合适位置，锻炼幼儿的空间感知觉能力，避免身体过高撞到障碍物。

二、钻爬类运动的安全与保护案例

（一）小班案例

案例 3-6-1　拥挤的洞口

教师带领幼儿来到了幼儿园的探索岛，说完游戏规则和安全提示后，幼儿都兴冲冲地跑到了小山坡和山洞玩起来。一会儿，就听到小美跑到教师面前说："老师，乐乐钻山洞老是跟我撞到一起。"教师走到山洞前观察，发现一共有四个洞口，小朋友钻爬的路线都是不一样的，四个洞口分别有进出，所以幼儿之间就会发生碰撞冲突，出现安全隐患。

【案例分析】

教师在游戏前没有明确要求钻山洞的规则，小班幼儿处于喜欢钻钻爬爬的时期，规则意识较弱。所以当两名幼儿在钻山洞时由于活动空间较小，会遇到迎面而来的碰撞，同时出现拥挤现象。

【安全措施】

1.教师带领幼儿共同制订钻爬路线，贴出箭头标志，帮助幼儿了解规则（见图

3-52）。

2.按照指定路线带领幼儿分组钻爬，熟悉路线，树立游戏常规，减少碰撞现象（见图 3-53）。

3.游戏中教师进行随机教育，发现没有按指定路线钻爬的幼儿及时进行指导，帮助幼儿树立规则意识（见图 3-54）。

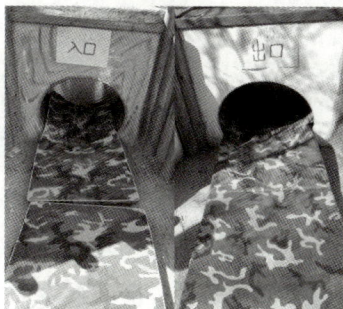

图 3-52　钻爬路线标志　　　图 3-53　分组钻爬　　　图 3-54　教师指导

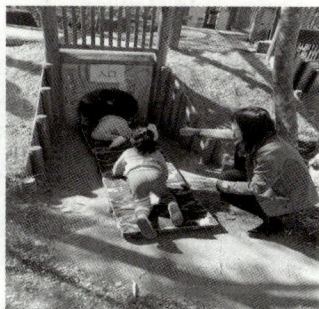

（案例来源：北京市石景山区实验幼儿园　郑光月）

案例 3-6-2　保持安全距离

教师利用充气棒作为障碍物，引导幼儿练习控制自己的身体，手膝着地钻爬过障碍物。起初教师将充气棒的高度抬得很高，让每名幼儿分别尝试通过，练习了三次后，能力较强幼儿的钻爬速度越来越快，导致撞到了前方幼儿，出现安全隐患。

【案例分析】

上述案例主要是由于教师没有把握好小班幼儿的年龄特点，忽视其距离感知和路线感知能力差，身体灵活躲闪能力弱的问题所致。在能够较熟练地完成手膝爬行的动作后，幼儿由于不能及时调整活动方式和运动场地，导致其爬行速度快慢差异而造成拥挤，出现碰撞现象。

【安全措施】

1.设置多条路线，高度在 100 厘米、90 厘米、80 厘米左右，供不同能力水平幼儿体验，也能分流，减少拥挤。同时每条路线之间要有足够的安全间距（见图 3-55）。

2.在游戏时利用多根充气棒，每根间隔 50 厘米，帮助幼儿控制间距（设置一些小的障碍，帮助幼儿减缓爬行速度，快慢交替），便于幼儿减缓速度（见图 3-56）。

图 3-55　多条爬行路线　　　　　图 3-56　一定间隔的充气棒

（案例来源：北京市石景山区实验幼儿园　郑光月）

（二）中班案例

案例 3-6-3　有陷阱的彩虹伞

在室内体育活动"鲨鱼来了"的游戏中，当教师喊道"大海浪小海浪"，幼儿要在彩虹伞下手膝爬行；当喊道"鲨鱼来了"，所有幼儿爬到彩虹伞下躲避鲨鱼。尽管教师一次次提醒幼儿注意安全，注意在躲避鲨鱼同时躲避同伴，不发生碰撞，但是在钻爬过程中还是有一部分幼儿发生了身体冲撞。

【案例分析】

上述案例中教师存在场地、材料的运用考虑不充分，参与的人数过多，幼儿安全间距过小，组织不合理等问题。游戏中，教师忽视了幼儿的年龄特点。中班幼儿可以较好地完成爬行的动作，但是空间判断、协调能力和灵敏性还有待提高，不能很好地调整自己的身体姿势和位置，躲避能力还不足。因此在人数较多的爬行游戏活动中，容易由于场地小、躲避不及而产生碰撞的现象。

【安全措施】

1. 游戏前提醒幼儿在钻爬时要用眼睛观察四周，不能一直低头，避免碰到一起，提高幼儿的安全意识。同时可以利用音乐或者鼓声等调整幼儿爬行速度，避免其过快爬行。

2. 分多组、多个彩虹伞进行游戏，如每组爬行人数为 10 人以下，以保证幼儿较大的爬行空间。

3. 游戏玩法设定，减少幼儿间的相互碰撞。当喊道"大海浪"时，男孩子快速钻爬，女孩子原地不动；喊道"小海浪"时，女孩子钻爬，男孩子不动；喊道"鲨鱼来了"，所有人迅速钻爬到伞下躲避（见图 3-57）。

图 3-57 分组玩彩虹伞

4.教师参与游戏，当海上巡查员，提醒幼儿躲避同伴和鲨鱼，对发生碰撞的幼儿暂停一次游戏。

（案例来源：北京市石景山区实验幼儿园　郑光月）

案例 3-6-4　膝盖和胳膊怎么会疼？

教师组织幼儿在室内玩钻爬游戏，设置了两条钻爬路线，一条是钻筒道路，一条是班内由桌子组成的道路。在自由探索环节，让幼儿用自己喜欢的方法通过障碍路：有的用手膝爬通过了拱形门的道路；有的用肘膝爬通过了桌子障碍路；还有的选择用手膝爬尝试通过桌子障碍路。但爬的过程中不少幼儿都磕到桌子上；经过几轮的尝试后有的幼儿按揉着自己的胳膊和膝盖，喊着胳膊和膝盖疼。

【案例分析】

上述案例主要是由于教师在材料和环境的选择上存在着一定的不足，没有考虑地面对幼儿胳膊、膝盖的摩擦和冲击以及桌子的特点所致。在室内环境下进行钻爬活动，在材料的选择上更要以安全为主；障碍物应选择一些软包材料，桌子的高度要符合幼儿爬行的需要，同时教师应引导幼儿爬过低矮障碍物时注意身体的姿势和爬行的要领。

【安全措施】

1.游戏前，用大小合适的地垫铺好幼儿爬行路线，帮助保护幼儿手、肘、膝盖等部位（见图3-58）。

2.如提供桌子、椅子等较硬容易出现安全隐患的材料时，可以贴上防撞角来保护幼儿头部（见图3-59）。

3.游戏前和幼儿讨论每条障碍路线适合的爬行方式和注意事项，减少身体伤害。

4.教师可以提供护膝用具，幼儿可以根据自己的需要佩戴。

图 3-58　两条钻爬路线

图 3-59　有一定保护措施的桌子

（案例来源：北京市石景山区实验幼儿园　郑光月）

（三）大班案例

案例 3-6-5　地道战的挑战

教师组织幼儿进行特种兵的游戏活动，引导幼儿用匍匐爬的姿势钻爬通过地道，到达安全地点拯救伤员。幼儿自己选择材料铺设地道，他们使用了轮胎和梯子组合搭建了充满挑战的爬梯地道，上面还添加了障碍筒。通道搭建后，幼儿都争先恐后地快速爬行，都想要去尝试有难度的地道。在钻爬过程中幼儿发生了拥挤，导致通道坍塌，出现较大的安全隐患。

【案例分析】

大班幼儿对于新鲜、充满挑战的事物感兴趣，有自我挑战的精神，同伴间也能够进行相互的合作。在自主搭建地道环节，幼儿在材料选择和摆放时对各种材料进行混合搭建容易导致"地道"不稳，上面的垫子和梯子不能牢固地搭在轮胎上，幼儿在上面爬行使垫子和梯子移动，存在安全隐患。游戏前教师也没有检查摆放材料的安全性，也没有对游戏规则提出要求，所以当铺设了新道路时，幼儿没有注意保持安全距离，一拥而上，导致垫子和梯子不稳而使通道坍塌。

【安全措施】

1. 教师和幼儿共同选择材料进行摆放，发现不稳现象及时帮助幼儿调整，并将道路铺好爬行垫（见图 3-60）。

2. 教师提出明确的游戏规则。例如，第一名幼儿钻爬过第一个地道后下一名幼儿才能出发，中途不能超越其他幼儿，爬梯地道上只能有一名幼儿（见图 3-61）。

3. 利用音乐提示，根据音乐速度变化钻爬速度，帮助幼儿调整爬行节奏。

4. 在地道上贴出安全间距线（半个人的距离），让幼儿在钻爬时能够注意和前面幼儿保持一定间距，不出现踢碰现象（见图 3-62）。

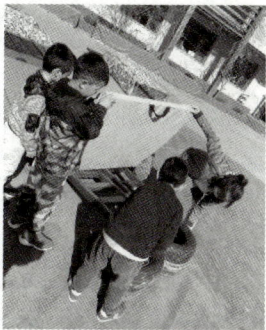

图 3-60　检查稳定性　　图 3-61　保持一定间距爬行　　图 3-62　安全间距线

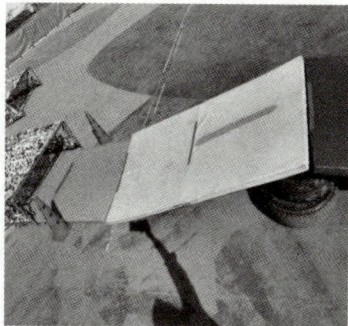

（案例来源：北京市石景山区实验幼儿园　郑光月）

案例 3-6-6　被碰倒的障碍筒

在匍匐爬过地道的过程中，尽管教师一再强调匍匐爬的姿势，身体要紧贴地面，屁股不能翘起来，手脚交替往前爬行，但在通过锥形筒的障碍时有的幼儿多次碰倒障碍筒，被障碍筒砸到，导致停下并发生拥挤的现象。

【案例分析】

大班幼儿在学习匍匐爬初期，掌握动作要领较慢，屁股抬得较高容易碰倒障碍。教师对于个别幼儿的观察以及关注不够，在障碍物的选择和摆放上缺乏层次性，所以导致幼儿很容易碰倒比较轻的锥形筒，被砸到并与其他幼儿发生拥堵现象。

【安全措施】

1. 教师关注动作不标准的幼儿，并对其进行个别指导（见图 3-63）。

2. 利用充气棒大闯关的游戏，教师根据幼儿不同能力水平来调整充气棒高度，让幼儿巩固匍匐爬的动作，树立自信心（见图 3-64）。

3. 教师选择重量较沉的障碍筒作为地道，障碍高度在 50～80 厘米，宽度不能窄于 60 厘米，根据幼儿不同能力水平设置不同障碍路线难度，避免发生拥堵现象（见图 3-65）。

图 3-63　教师个别指导

4. 在两个障碍筒间系上绳索，绳索上拴上铃铛，让幼儿学会根据障碍高度来调整自己的爬行姿势，避免撞到绳索和铃铛（见图 3-66）。

图 3-64 调整充气棒高度　图 3-65 适宜的高度和宽度　图 3-66 悬挂铃铛的障碍筒

（案例来源：北京市石景山区实验幼儿园　郑光月）

第七节　攀爬类运动的安全与保护

一、攀爬类运动的安全与保护要点

在组织攀爬类运动时除了需要把握第二节中运动安全与保护的注意事项外，还需要考虑攀爬的动作特点，主要掌握以下几个要点。

（一）仔细检查攀爬器械安全，定期维护

组织活动前教师要仔细检查攀爬网、攀爬架等器材的安全状况，并亲自尝试确保攀登设备连接处和绳网的牢固、安全，不要有漏洞、木头腐蚀、悬挂尖锐物或踩踏处过滑等情况。同时，因幼儿自我保护能力较弱，膝盖、韧带娇嫩，屈膝缓冲落地动作掌握不足等，在考虑稳定性和安全性的基础上，攀爬器械最好设置在软地面上，如沙土地、草地或软垫上，保护幼儿运动时的安全。要做好定期维护，如有问题及时更换或者维修。或者及时用围栏拦住或者用其他醒目的警示标识标注出来。

（二）提醒动作要点，及时给与保护

在攀爬活动中，教师要提示幼儿手脚配合，眼睛看向自己要扶或踩的地方，双手抓牢，脚底踩稳后再向上攀爬，不推、不拉别人。幼儿在挑战较高的攀爬架时，教师站位要合理，随着幼儿的移动而进行移动保护。攀爬过程中，不强调速度，保证幼儿安全、平稳地完成活动。

（三）保持安全距离，错位攀爬

在攀爬过程中教师要随时提醒幼儿注意力需要集中，要观察身边的同伴，保持安全距离，轮流攀爬，同一个攀爬路线上只能一个幼儿攀爬，可以错位，主要是避免幼儿失手摔下，以及撞到后面的幼儿。

二、攀爬类运动的安全与保护案例

（一）小班案例

案例 3-7-1　光滑的梯形滑梯

某次室内体育活动中，教师带领幼儿进行攀爬梯形桥滑梯。教师将爬行梯平移到木质地板上。活动开始一名幼儿爬上梯形滑梯后在滑梯的"桥顶"上站了起来，接着转身从滑梯处滑了下去。教师见状赶紧纠正该名幼儿的动作错误，并提醒幼儿不能在"桥顶"站立，而应爬行过去，同时将软垫铺在四周。

【案例分析】

上述案例主要问题是教师没有考虑到游戏材料的安全性，忽视了小班幼儿协调能力、平衡能力以及动作灵活性都比较弱，在没有防护的滑梯上进行游戏，很容易出现摔倒跌落的现象。

【安全措施】

1. 由于爬行梯距离地面高度1.5米左右，在玩此类设施时教师应将其平移到铺有软质地毯上的地面上进行活动，以增加爬行梯与地面的摩擦性防止爬行梯移动，另外也应在爬行梯两侧再铺设一层3～5厘米的薄软垫，防止幼儿爬行时不慎跌落（见图3-67）。

图 3-67　梯形滑梯

2. 在活动开始前，教师提出安全要求，同时为幼儿做一次爬行的动作示范，让幼儿知道爬行时应手脚配合发力，待登到桥顶后应爬到滑梯处，然后滑下，切勿站立（见图3-68）。

3. 教师可以通过挥舞旗帜，旗帜抬起时再前进爬行，并向幼儿强调爬行前须等到上一位小朋友滑下滑梯后再出发（见图3-69）。

图 3-68　教师示范

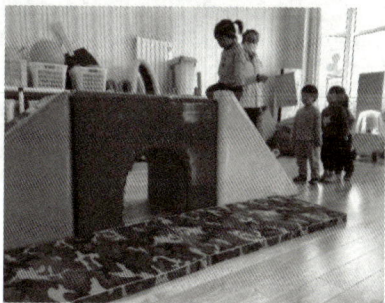

图 3-69　保持一定间距爬行

（案例来源：北京市石景山区实验幼儿园　张梦雅）

案例 3-7-2　小心"咬人"的爬网架

　　教师组织幼儿攀爬桥形爬网架的游戏。在整个攀爬过程中，有多位小朋友的脚踩到了网格里，拔不出来了，还有的小朋友被爬网架硌得很疼。

【案例分析】

　　上述案例中教师一方面忽视了小班幼儿的年龄特点，他们由于平衡能力、上下肢协调能力，以及上下肢力量都比较弱而造成攀爬动作不熟练；另一方面教师在爬网的选择上，爬网高度过高，幼儿容易产生畏惧心理，网格间距过大，容易踩空，从而容易造成幼儿心理上的胆怯以及肢体硌伤等情况。

【安全措施】

　　1. 在活动攀爬前，教师应选择适合小班幼儿攀爬的桥形爬网架，防止由于高度过高而让幼儿产生畏惧心理以及肢体硌伤的情况（见图3-70）。

　　2. 在攀爬开始前，教师可以在桥形爬网架的下方铺好软垫子，做好防护措施。告知幼儿攀爬是安全的，并教给幼儿基本的自我防护措施，如不慎跌落需要抱头防护。在活

图 3-70　适宜的桥形爬网架

动过程中，教师可以与幼儿一同攀爬，及时给予幼儿腿踩绳子的支撑保护，给予幼儿脚部一定的力量支撑，帮助幼儿掌握攀爬的动作要领（见图3-71）。

　　3. 在攀爬开始前，教师可以先进行示范，在向下攀爬时需要注意先转身动腿找到支撑点，手再向下。不可头朝下攀爬，以免发生危险（见图3-72）。

图 3-71　垫子保护

图 3-72　教师示范爬行

　　4. 教师提醒幼儿在攀爬中尽量避免用膝盖碰触网格的结扣处，应把发力点作用于网绳中段，防止硌伤。

（案例来源：北京市石景山区实验幼儿园　张梦雅）

（二）中班案例

在某幼儿园的一次户外活动中教师带幼儿参与横向（左右方向）的爬网游戏活动。活动中幼儿模仿小螃蟹从小型半圆形爬网上通过，将果实运送到家中。游戏进行到一半时，一名幼儿想超越前一名幼儿，因此从他的身上爬了过去，前面的幼儿没有抓稳绳，导致两名幼儿都从爬网架上跌落摔伤。

【案例分析】

上述案例主要是由于教师在选择爬网材料时，没有考虑到材料的适宜性所致。小型的半圆形爬网左右空间距离过小，不适合多人同时攀爬。中班幼儿尽管已经具备了一定的攀爬技能，在攀爬速度上也有了很大的提高，但是在游戏时没有控制好彼此间的距离，就容易在攀爬过程中造成拥挤、追尾的现象。

【安全措施】

1. 帮助幼儿建立良好的游戏规则。教师把握好幼儿出发的间隔时间，可以在爬网中间处用醒目的红旗做出标记，待上一名幼儿爬到标记处时下一名幼儿再出发（见图 3-73）。

2. 在活动安排上教师应合理安排幼儿参与游戏的人数与等待时间，引导幼儿分组进行游戏，如一部分幼儿先进行攀爬网游戏，一部分幼儿玩爬网中间的沙土游戏，之后再进行游戏互换（见图 3-74）。

图 3-73　旗帜标记

图 3-74　分组游戏

3. 活动开始前，教师应提醒幼儿控制好攀爬速度，避免与前面的幼儿发生碰撞，如速度过快追赶上前边幼儿时应等待前边幼儿通过再前进，不可强行超越（见图 3-75）。

4. 提醒幼儿学会保护自己不受伤。如果发生摔倒，应让幼儿双手紧紧抓住网架，身体往网架靠拢，将重心移到网架内侧防止掉下网架，双手抓牢绳网，若不慎脱手应在倒地瞬间快速抱紧头部，以免头部受伤（见图 3-76）。

图 3-75　保持一定间距攀爬　　　图片 3-76　学习自我保护

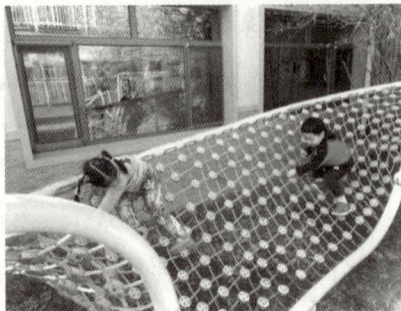

（案例来源：北京市石景山区实验幼儿园　张梦雅）

案例 3-7-4　翻越"轮胎山"

某班一次户外活动上，教师组织幼儿进行攀爬轮胎山的游戏。幼儿先通过 10 个跳圈，然后再通过长约 20 米的小跑道，最后进入攀爬轮胎山的环节。但是幼儿在攀爬的过程中，出现脚踏空而使轮胎倾斜的现象，导致幼儿跌落。

【案例分析】

上述案例中，教师在活动中注重了游戏的多样性，但是忽略了材料的安全性。在攀爬轮胎山时，轮胎的叠放牢固性不够，幼儿攀爬轮胎山，发力不均衡，容易造成轮胎位置移动不稳，同时由于幼儿年龄特点，应变能力不强，容易造成幼儿攀爬时脚踏空跌落的现象。

【安全措施】

1.轮胎山的高度需有层次性、渐进性。可以一开始是一个轮胎、两个轮胎叠摞，接着是三个轮胎叠摞，最后是六个轮胎的叠摞（见图 3-77）。

2.在轮胎山两边都应该做好防护，尤其是要在有一定高度的轮胎山两侧铺上两层软垫，同时扩大保护的范围，轮胎山两侧两米内都配以软垫进行防护，教师在轮胎山一侧进行保护（见图 3-78）。

图 3-77　有层次的轮胎山　　　　图 3-78　垫子防护

3.活动开始前教师也应当为幼儿演示如何攀爬，如若发生意外跌落时，应首先抱住头部要害，以免摔伤（见图3-79）。

4.尽量选择大小一致的轮胎进行搭建，如果大小各异需要进行固定，避免由于幼儿攀爬造成的发力不均衡，导致移动不稳的现象（见图3-80）。

图 3-79　教师示范攀爬

图 3-80　固定轮胎

（案例来源：北京市石景山区实验幼儿园　张梦雅）

（三）大班案例

案例 3-7-5　我该如何挑战攀爬墙？

某幼儿园大班教师带领幼儿进行攀爬墙活动。教师组织两名幼儿同时攀爬，其中一名幼儿在攀爬过程中脚踩在了松动的支撑物而掉下了攀爬墙，造成脚踝扭伤。

【案例分析】

上述案例中教师在游戏前没有认真检查器械的安全及牢固性，在场地的选择及防护上都存在着安全隐患。幼儿的上肢力量相对薄弱，在攀爬过程中，需要上下肢的力量共同配合完成，因此在攀爬过程中，教师应及时做好安全保护。

【安全措施】

1.在攀爬前，教师要检查攀爬器械的安全状况，包括攀爬墙与墙面连接处是否有缝隙、松动；墙体木质板是否有由于天气因素造成的腐化性损伤；墙上的凸起物是否有破损，是否有松动；墙体前的地面是否平整、有无坑洼（见图3-81）。

2.在攀爬前，教师还应查看幼儿着装是否方便攀爬，尤其是幼儿的鞋是否软底运动鞋，以便于踩稳支撑物，并提醒幼儿粘紧鞋扣。幼儿必要时可以佩戴好安全头盔

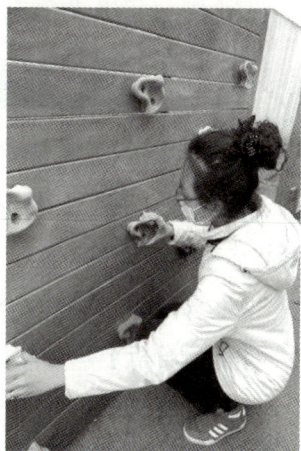

图 3-81　检查攀爬支撑物的牢固性

以防止头部受伤（见图 3-82）。

3.在攀爬墙周围铺设安全软垫。安全软垫的铺设范围要设置在 2 米范围，厚度至少要有 10 厘米厚。另外，在整个攀爬过程中要保证每名幼儿身边都有负责专门保护的教师（见图 3-83）。

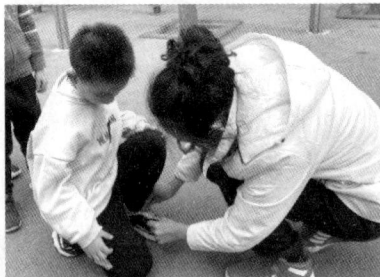

图 3-82　检查着装

4.教师要示范正确攀爬方法。在攀爬过程中保证上身直立，手臂紧紧抓住墙上凸起的扶手，用手臂的先发力量带动下肢脚部向上移动。也要在脚部平稳踏住凸起后再缓慢移动手臂（见图 3-84）。

5.在组织攀爬活动期间可以带领幼儿多做一些上肢力量练习，如拉、拽、投、悬挂等，帮助幼儿增加手臂力量防止跌落（见图 3-85）。

图 3-83　安全防护

图 3-84　教师示范攀爬

图 3-85　悬垂活动

（案例来源：北京市石景山区实验幼儿园　张梦雅）

案例 3-7-6　拥挤的网架出口

某幼儿园教师组织大班幼儿攀爬全高 8 米的大型卷龙网架。这是一项有着高难度高挑战性的攀爬项目，尽管如此，仍非常受幼儿喜欢。该班幼儿曾尝试过多次。在这次攀爬中有多名幼儿爬得很快，原来他们是在比谁爬得快。但是卷龙网架的出口处较小，导致很多幼儿都挤在一起，造成拥挤推搡的现象，出现安全隐患。

【案例分析】

大班幼儿在游戏活动中有竞争的意识，因此在攀爬的速度上也会由于过快而忽视了周围同伴的存在，导致幼儿在攀爬过程中不断撞到其他人。在活动中，教师还忽视了游戏规则的设定和场地安全要求的提示。

【安全措施】

1.活动开始前，提醒幼儿切记不能因为追求速度而过快地攀爬，提醒幼儿在攀爬过程中既要保证自身的安全，也要保证同伴的安全，不要踩到同伴的脚或手（见图3-86）。

2.建立良好的游戏规则，在活动区范围内张贴安全小提示。在多个出口处设立幼儿自制的进出口提示标志，防止幼儿进出口混乱，造成事故（见图3-87）。

3.教师可以在幼儿攀爬过程中用相机捕捉漂亮的攀爬动作。在游戏结束后，让幼儿来看看谁的攀爬姿势最标准、最安全，从而让幼儿在攀爬过程中更加注重抓稳、扶稳、蹬稳，而不是速度的快慢（见图3-88）。

图 3-86　保持一定间距攀爬

图 3-87　安全提示

图 3-88　榜样示范

（案例来源：北京市石景山区实验幼儿园　张梦雅）

第八节　翻滚类运动的安全与保护

一、翻滚类运动的安全与保护要点

在组织翻滚类运动时除了需要把握第二节中运动安全与保护的注意事项外，还需要考虑翻滚的特点，主要掌握以下几个要点。

（一）翻滚的路线四围不能有障碍物

翻滚带有身体的旋转，对幼儿的前庭觉和平衡能力有一定刺激和发展，翻滚之后，幼儿会有一定的眩晕感，因此在活动的周围不能有障碍物，避免幼儿失去平衡撞击到物体。垫子的宽度需要长于幼儿身高，如1.5～2米比较适宜，垫子的长度在4～6米，不宜过短或过长。

（二）检查幼儿着装和携带物

在做翻滚运动前，教师要对幼儿的着装、携带物品、饰品等做必要的要求和提醒，把兜里尖锐的物品和身上携带的有碍运动的杂物放到一边统一保管，不允许戴胸针、项链等装饰品，防止在翻滚过程中不当着装和配饰对幼儿造成伤害。

（三）教会幼儿翻滚的方法，控制翻滚速度

通过游戏引导幼儿循序渐进地掌握翻滚的方法，如从左右翻身、教师辅助幼儿翻身或连续翻滚，逐步让幼儿体验自主连续翻滚的动作。同时幼儿做翻滚运动时，教师要提醒幼儿注意动作要领。如侧身连续翻滚时，两腿可以稍屈腿，避免滚偏；前滚翻动作时，两手用力支撑垫子，颈部不用力，避免扭伤脖子。翻滚活动时，需要控制翻滚的速度，为避免幼儿眩晕导致摔倒，不宜进行比快的游戏。

（四）教师站位要合理，掌握正确的保护方法

活动的顺利进行离不开教师的观察与及时保护。教师的站位要合理：侧身翻滚时，教师在幼儿翻滚结束后起身位置的附近。前滚翻时尤其是对幼儿头颈部进行保护，可以采取侧跪，用手托扶幼儿肩颈部的位置。让幼儿尝试前滚翻时，教师要掌握教授前滚翻的教学方法，不能盲目让幼儿体验前滚翻。

二、翻滚类运动的安全与保护案例

（一）小班案例

案例 3-8-1 "翻滚大战"

幼儿园在组织小班幼儿开展垫上滚动游戏时，幼儿非常喜欢躺在地毯或垫子上，随意地向不同方向自由滚动，经常出现许多幼儿翻滚到一起，相互推挤、扎堆，甚至出现磕碰、叠落等现象，存在较大的安全隐患。

【案例分析】

上述案例中教师没有把握小班幼儿身体发育的特点，忽视了他们对身体的控制能力较弱以及翻滚时空间方位感知较差的情况，在翻滚游戏的环境设置及活动间距的保持方面存在不足。这导致幼儿在自由侧身滚动的游戏过程中，出现拥挤、磕碰等现象。

【安全措施】

1.在幼儿翻滚的周围区域设置软包围栏，避免幼儿在滚动的过程中磕碰（见图3-89）。

2.利用地垫、地毯、瑜伽垫等材料让幼儿原地练习左右翻滚的动作，保持一定安全间距，感受身体在滚动游戏中的发力状态（见图3-90）。

图 3-89　软包保护

图 3-90　左右翻滚

3.用一定宽度的游戏垫作为滚动的区域，将幼儿自然隔开，避免拥挤、叠落及蹬踹现象（见图3-91）。

4.创设游戏情境，利用丝带、毛线等材料标记出游戏情境中滚动的路径，教师带领幼儿熟悉游戏玩法，沿指定路径分组进行自由滚动，感知滚动方向（见图3-92）。

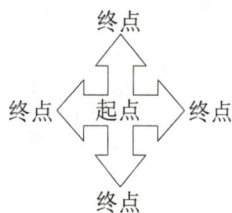

起点　| 垫子 | | 垫子 |　终点

起点　| 垫子 | | 垫子 |　终点

```
          终点
          ↑
终点 ←  起点  → 终点
          ↓
          终点
```

图 3-91　分组翻滚

图 3-92　利用标志物向多方向滚动

（案例来源：北京市石景山区实验幼儿园　王晓顿）

案例 3-8-2　垫子为什么会移动？

在组织小班幼儿开展垫上滚动的游戏时，垫子总是会左右移动，导致两块垫子中间出现较大缝隙或重叠等现象，下一名幼儿就无法再进行垫上的游戏活动，出现人员拥挤、翻滚时磕碰等安全隐患。

【案例分析】

上述案例中教师没有考虑游戏中所使用垫子在木质地板上容易滑动的特点，对选用的垫子类型的适宜性与安全性缺少考虑，同时也没有对垫子进行固定，导致垫子在受力情况下发生移动。

【安全措施】

1. 游戏前，检查幼儿的着装及配饰，清除会掉落的、尖锐的、硬性的饰品，避免在翻滚时出现划伤、磕伤等情况。

2. 游戏时，可以选择长2米宽1米厚5厘米左右的高弹折叠体操垫放置在场地上，避免小块垫子与小块垫子之间因分离而出现缝隙（见图3-93）。

3. 幼儿横躺在垫子上，要求头部一定在垫子上，教师可在垫子两侧跪立，一方面固定垫子，另一方面做好保护，避免幼儿翻滚下垫子（见图3-94）。

图 3-93 选择较长的折叠垫　　　　图 3-94 教师保护

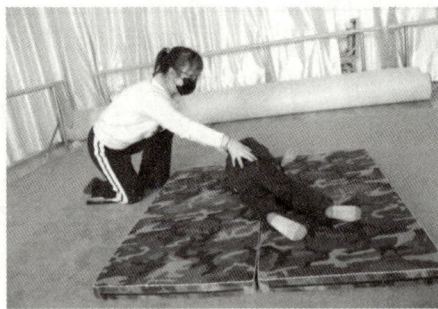

（案例来源：北京市石景山区实验幼儿园　王晓顿）

（二）中班案例

案例 3-8-3 为什么总会滚到外面去？

幼儿园在组织中班幼儿开展垫上连续侧身翻滚游戏时，幼儿手臂和腿部经常会随意摆放，发力不均匀，导致出现滚到垫子外面的情况，存在一定的安全隐患。

【案例分析】

上述案例里中班幼儿侧身翻滚的动作要领掌握不牢，教师忽视了对幼儿侧身连续翻滚时身体部位发力的指导，导致幼儿侧身翻滚的路径及方向不明确，教师对幼儿翻滚时的保护也不及时。

【安全措施】

1. 在铺满地毯的场地上，幼儿要清除身上容易脱落或较硬的饰物，教师要带领幼儿保持一定的间距，熟悉侧身翻滚的动作要领，感受发力的身体部位，体验连续翻滚动作（见图 3-95）。

2.投放一定长宽的垫子若干，连接成一条长 5 米、宽 1.5 米的路径（宽度最好长于幼儿身高），带领幼儿分组在规定路径上，间隔 2 米左右进行双手抱头连续侧身翻滚和双臂贴身体连续侧身翻滚游戏，减少滚出垫外及脸部挫伤等情况（见图 3-96、图 3-97）。

图 3-95 体验翻滚动作

| （1） | （2） |

图 3-96 抱头连续翻滚

| （1） | （2） |

图 3-97 手放体侧连续翻滚

（案例来源：北京市石景山区实验幼儿园 王晓顿）

案例 3-8-4 怎样滚得又直又安全？

在组织中班幼儿进行连续侧身翻滚的游戏时，幼儿能够用标准的动作准备，但是在翻滚的过程中双腿往往会散开，上下晃动，不能平稳地翻滚。教师尽管强调了

113

第三章·婴幼儿常见运动的安全与保护

动作要领，但是幼儿还会出现滚出垫子，甚至压到手臂或扭到腰等情况，存在较大的安全隐患。

【案例分析】

上述案例说明幼儿翻滚的动作掌握需要练习和提升，教师需要把握中班幼儿身体控制能力、平衡力和协调性逐步发展的特点。教师可利用多种材料投放及指导策略等巩固幼儿掌握稳定的翻滚动作，同时避免扭伤、拉伤等情况的出现。

【安全措施】

1. 投放长、宽都是 2 米的垫子若干，幼儿自由拼接成小路，开展双人协同的侧身翻滚游戏。幼儿两人一组手拉手，腿部伸直，协同进行侧身翻身，强化翻滚时腿要伸直的动作，注意翻身的速度需要协同一致，避免一快一慢现象。

2. 投放长滚筒、床单、布条等材料，通过"制作寿司""擀饺子皮""炸薯条"等游戏情境的创设，教师带领幼儿尝试连续侧身翻滚的动作，以增强幼儿腰部及腿部的控制力和力量（见图 3-98）。

图 3-98　有辅助材料的翻滚

（案例来源：北京市石景山区实验幼儿园　王晓顿）

（三）大班案例

案例 3-8-5　为什么会掉下来？

组织大班幼儿在不同的障碍物上进行连续侧身翻滚游戏时，幼儿在翻滚的过程中，虽然能够很好地控制自己的身体做出翻滚的动作，但是还会出现掉下障碍物、前后人员挤压冲撞等情况。由于障碍物的材质和高度不同，游戏中存在一定的安全隐患。

【案例分析】

上述案例中教师对大班幼儿身体平衡及协调能力的发展水平把握不足，对提供的障碍物缺乏安全性、操作性及适宜性考虑，导致个别幼儿会出现掉下障碍物或者前后幼儿碰撞等现象。

【安全措施】

1. 在游戏前，教师要带领幼儿熟悉需要做翻滚动作的辅助材料，考虑幼儿的兴趣及适宜性，引导幼儿选择游戏中可设置的障碍物，建立前期的翻滚经验，避免游戏中出现不适宜及安全隐患问题（见图 3-99）。

（1）　　　　　　　　　（2）

图 3-99　幼儿自主挑选材料

2.可以为大班幼儿增设具有挑战性的障碍物游戏材料，进行斜坡翻滚。如增放高 20 厘米或 30 厘米、长宽为 2 米的垫子，与地面翻滚的路径相结合，针对不同能力的幼儿给予适当的游戏挑战，分散幼儿数量，从而减少碰撞及聚集现象（见图 3-100）。

（1）　　　　　　　　　（2）

图 3-100　斜坡翻滚

3.在有一定高度的障碍物下面或左右两边铺放柔软的垫子，教师及时给予保护，避免幼儿滚落后摔伤（见图 3-101）。

图 3-101　教师保护

（案例来源：北京市石景山区实验幼儿园　王晓顿）

在组织大班幼儿进行垫上前滚翻的游戏时，尽管教师强调了前滚翻的基本动作要领，但是在翻滚的过程中，部分幼儿还是出现用头顶垫子翻滚的情况，手臂支撑和腿部蹬地的动作配合不流畅，存在头颈部易受伤等安全隐患。

【案例分析】

上述案例中教师对大班幼儿身体柔韧性、平衡及协调能力的发展水平把握不准，对前滚翻的动作指导不清晰，没有加强对幼儿手臂支撑力的锻炼，忽视了大班幼儿的个体差异性，在前期的动作经验储备和游戏组织策略等方面存在不足，所以容易导致幼儿出现意外伤害事故。

【安全措施】

1.在场地中布置不同厚度及柔软度的垫子，幼儿分组尝试，发挥同伴间的榜样作用，强调做动作时要认真，并遵守游戏规则，按前滚翻的动作要领去完成（见图3-102）。

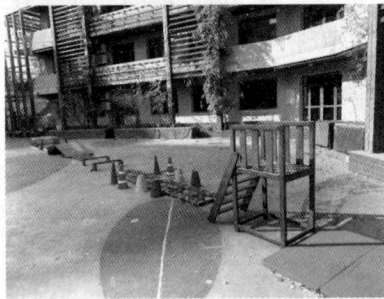

（1）　　　　　　　　　　　（2）

图 3-102　多种翻滚器械

2.教师要掌握保护方法和要领。幼儿翻滚时教师需要在旁边协助保护，可以跪在垫子起点处，一手扶住幼儿后颈部，另一只手扶在幼儿大腿处，边保护边辅助幼儿完成前滚翻的动作（见图3-103）。

（1）　　　　　　　　　　　（2）

图 3-103　教师保护

3. 创设团身翻滚、臂力支撑、攀登等游戏情境，巩固前滚翻的动作要点，增强幼儿身体记忆及手臂、腿部的支撑力，为前滚翻储备身体经验，减少安全隐患。

4. 可以尝试一定角度的斜坡（30°～45°）翻滚，感受前滚翻动作要领，教师在旁边给予保护。

（案例来源：北京市石景山区实验幼儿园　王晓顿）

第九节　悬垂类运动的安全与保护

一、悬垂类运动的安全与保护要点

在组织悬垂类运动时除了需要把握第二节中运动安全与保护的注意事项外，还需要考虑悬垂的动作特点，主要掌握以下几个要点。

（一）尊重幼儿生长发育规律，选用适宜的悬垂活动形式

悬垂类运动对幼儿的关节、韧带、肌肉力量都具有一定的挑战性。适量、适度的运动可以调整骨骼、肌肉以及关节韧带的成长速度，反之则会对幼儿造成伤害。

悬垂活动主要运用的部位是上肢肌肉和关节，因此活动前，要做好上肢部位关节和肌肉的准备活动，以提高幼儿机体的适应性，避免在运动中受伤。悬垂的主要活动形式有：直体悬垂、屈腿悬垂、悬垂摆荡、悬垂蹬腿、混合悬垂（双手一侧抓杆，双脚一侧夹杆；双手抓杆，双脚搭在双手之间或者两侧）、移动悬垂等。根据不同年龄阶段的特点以及幼儿上肢发展水平选择适宜的形式开展活动，每次进行悬垂练习的次数不宜过多，时间不宜过长，更不能组织悬垂时长或悬行速度的比赛，以免幼儿上肢部位和心脏的负荷过大，导致受伤。

（二）检查悬垂设备的安全性、适宜性

活动前检查悬垂设备是否稳固、安全，确保地上无杂物。悬垂架下面可以是软地面，如沙土、草地等。如是硬地面，教师需准备垫子放置在悬垂架下。悬垂器材的高度应符合幼儿的身高与心理特点，小班选择的器材应适当矮一些，高于幼儿双手上举10厘米左右。抓握处的粗细要适合于幼儿手的大小，以幼儿抓握后拇指与四指接近合拢为宜，以便幼儿进行抓握和运动。

（三）掌握双手抓握和落地动作要点，注意悬垂的时间

在幼儿进行悬垂活动时，教师应对幼儿进行抓握动作的指导，向幼儿提出必要的安全要求。如幼儿的悬垂都是采取双手握杠的形式进行，而握杠的方法一般分为

"全握"（拇指和其余四指不同侧）和"半握"（拇指和其余四指同侧），对于年龄较小的幼儿来说，"全握"的手势抓杠更稳，相对比较安全。幼儿双臂悬垂时，双手的距离尽量与肩同宽，身体放松下垂。从悬垂架下来时，双脚先落地，屈膝缓冲，避免身体其他部位落地，导致摔伤。幼儿悬垂的时间一般为：3—4岁幼儿10秒左右；4—5岁幼儿15秒左右；5—6岁幼儿20秒左右。如果幼儿的上肢力量较弱，不要求幼儿一定达到上面的悬垂时间，可以逐步增加其上肢力量。

（四）加强对幼儿的观察，给予及时保护

由于多数幼儿的上肢力量和抓握力量比较薄弱，悬垂类运动又具有一定的危险，所以教师在组织悬垂活动时要提高警惕，时刻关注每一位幼儿的活动状况，根据幼儿的能力给予适当的支撑帮助，双手扶幼儿腰部或者双手轻压幼儿握杆的双手。即使幼儿能够独立完成悬垂动作，教师也要在安全范围内关注幼儿的活动，如关注周围环境、器材安全、地垫摆放、幼儿动作、活动秩序等。

教师明确分工，分别在原地悬垂区和悬垂移动区观察幼儿悬垂情况，提供及时保护。悬垂活动结束后，还应该带领幼儿做上肢部位的放松和整理活动，消除肌肉疲劳。

二、悬垂类运动的安全与保护案例

（一）小班案例

> **案例 3-9-1 为什么会觉得胳膊疼？**

某幼儿园小班教师组织幼儿悬垂游戏后，部分幼儿出现胳膊疼的现象，甚至个别幼儿双臂有轻微颤抖现象。

【案例分析】

小班幼儿身体发育尚不完善，幼儿骨骼、肌肉还处于初步的发育期，所以其运动能力相对较差，上肢力量和耐力不足。另外幼儿运动经验少，对自身的能力认知弱，在幼儿自身感兴趣、成人又没有加以控制的情况下，容易出现运动过量的情况。

【安全措施】

1. 在开展悬垂游戏前，加强上肢的热身运动，注意关节和韧带的拉伸，以免出现运动伤害（见图3-104）。

图 3-104 上肢热身运动

2. 教师根据幼儿情况，适当调节幼儿运动量和运动强度，把握悬垂时间，避免过长。如幼儿力量不足，不能够独立悬垂时，教师可以在幼儿脚下垫具有一定高度的物品，让幼儿有一定的力量缓冲时间（见图3-105）。

3. 在日常活动中，加强幼儿上肢力量锻炼。如"拉"的游戏，可以锻炼幼儿的上肢力量和握力；"推、支撑、投掷、挥击"等游戏，有助于提升幼儿的上肢力量（见图3-106）。

图 3-105 悬垂架下固定放置高低
不同的物品

图 3-106 搬运轮胎

（案例来源：北京市石景山区实验幼儿园　张雪）

案例 3-9-2　手心怎么磨红了?

某幼儿在进行悬垂游戏中，双手握杠时间很短，坚持不了几秒钟就会从杠上掉落下来，在几次尝试后，手部很红，并有出血点。

【案例分析】

幼儿手心磨红需要从多个因素分析：可能由于杠的粗细不合适，幼儿不能较好地五指紧扣抓握，从而导致幼儿不能较好地着力。另外，幼儿皮肤柔嫩，杠的防滑防磨措施不到位，幼儿手部也很容易受到磨损。

【安全措施】

1. 选择适宜的悬垂材料，根据幼儿手的大小，选择粗细适合幼儿抓握的杠（见图3-107）。

图 3-107 悬垂吊环

2. 在杠上增加防滑防磨材料，如缠上专业的防滑吸汗带或布条等，这样可以有效减少幼儿在抓握过程中受到的磨损，也可以防止夏季暴晒、冬季寒冷所造成的金属杠过烫或过凉（见图3-108）。

图3-108　吊环榜上防滑吸汗带或布条

（案例来源：北京市石景山区实验幼儿园　张雪）

（二）中班案例

案例3-9-3　危险的下杠方式

某幼儿双手抓住单杠的同时，双脚钩住单杠，使身体吊在单杠下面，玩"烤香肠"游戏，下杠时，手脚同时松开，后背着地，落在地垫上，虽没造成伤害事故，但此行为非常危险。

【案例分析】

中班幼儿与小班相比，运动能力明显增强，但安全意识仍然比较薄弱。一方面是幼儿长时间悬垂导致上肢力量不足，另一方面是下杠方式没有正确掌握，不知道如何调整身体姿态，安全落地。

【安全措施】

1.教师示范下杠动作，提示幼儿要双脚伸直垂下或者着地后再松开双手。如果单杠的高度较高，幼儿可以一只脚一只脚地慢慢下来，处于双臂悬垂状态后再双脚着地跳下来。更要提醒幼儿，如果自己下不来，要学会呼叫寻求帮助（见图3-109）。

2.教师要时刻关注杠上幼儿的状态，在安全范围内，保护幼儿安全。同时加强培养幼儿的自我保护意识和自护能力，让幼儿知道如何下杠才安全（见图3-110）。

3.铺好地垫，做好地面防护，以防幼儿意外坠落（见图3-111）。

4.在日常游戏中练习纵跳落地，包括前跳、后跳落地，左跳、右跳落地，帮助幼儿掌握落地时如何控制身体，保持平衡（见图3-112）。

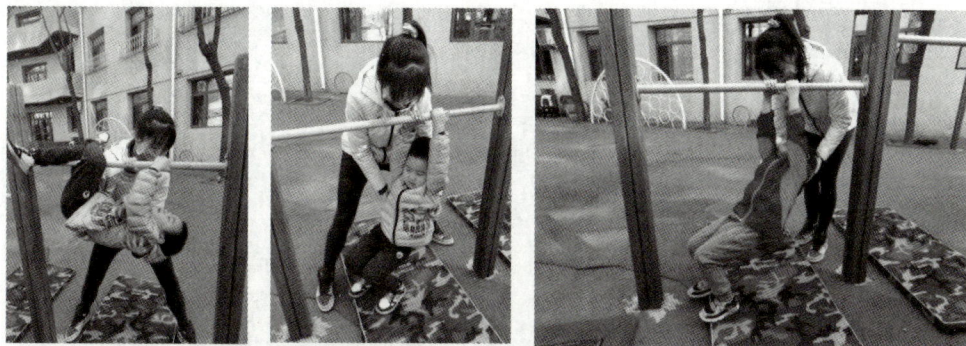
（1）　　　　　　（2）

图 3-109　教师协助幼儿下杠

图 3-110　幼儿独立下杠，教师
　　　　　　在旁保护

图 3-111　地垫防护

图 3-112　练习落地平衡

（案例来源：北京市石景山区实验幼儿园　张雪）

案例 3-9-4　危险的小饰品

　　某幼儿从悬垂杠上跳下的动作完成得非常好，没有磕碰到，却蹲在地上不起来，并用手按着腿掉眼泪。教师将他扶起，摸了摸他的腿，发现裤兜里有一辆小汽车，原来这名幼儿在落地过程中，小汽车硌到了他的腿。

【案例分析】

　　多数幼儿在入园后都会穿比较宽松的服装，这样有利于幼儿运动，但宽松的衣服也便于幼儿将自己喜欢的小物件藏在衣服里面，如果看上去不明显或幼儿不摆弄，教师一般不会随时检查幼儿的兜里是否装有其他物品，所以也容易忽视这方面的问题。

【安全措施】

　　1. 在活动前，教师要说清楚相关要求，请幼儿将可能造成伤害的物品取出，如兜里揣的硬物、女孩子头上的发卡、衣服上的别针等（见图 3-113）。

　　2. 教师在组织幼儿活动前要检查到位（见图 3-114）。

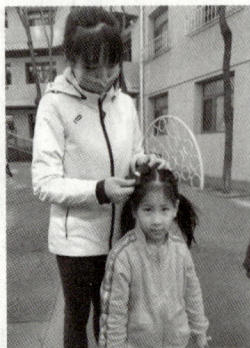

图 3-113　取下小饰品

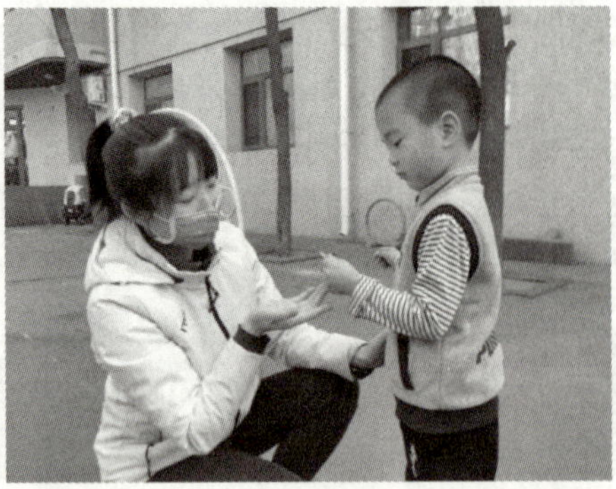

图 3-114　以游戏"拍一拍"方式，
检查幼儿身上是否携带危险品

3.请家长配合，从源头抓起，不带具有危险因素的物品来园。幼儿着装要以简洁、安全、适宜运动为主。

（案例来源：北京市石景山区实验幼儿园　张雪）

（三）大班案例

案例 3-9-5　起跳抓杠要牢固

某幼儿园教师带幼儿进行悬垂游戏"我是小猴子"，主要锻炼幼儿从短时间悬垂到较长时间悬垂，从教师抱起抓杠到自己跳起抓杠。在幼儿练习自己跳起抓杠过程中，一名幼儿没有抓到杠，摔倒在地上，导致手臂受伤。

【案例分析】

需要从多个因素进行分析。一方面可能是杠的高度较高，幼儿跳的高度不够幼儿完成抓杠动作；另一方面幼儿想完成独立跳跃抓杠的任务，所以全部注意力集中在上方，忽视了距离杠的起跳位置以及脚下的跳跃动作，导致重心不稳而摔倒在地上。

【安全措施】

1.在组织幼儿活动前，清理好周边异物，做好防护措施，铺好地垫，防止幼儿意外脱杠后不必要的碰撞（见图 3-115）。

2.教师在指导幼儿独立跳起抓杠过程中，要关注幼儿起跳的位置，教师可以事先设定起跳位置，引导幼儿用向上纵跳或向前上方纵跳的方式来抓杠，这样即使幼儿没有抓杠成功，也能比较好地控制自己的身体平

图 3-115　地垫保护

衡，从而降低摔倒的概率（见图 3-116）。

3. 在日常游戏中锻炼幼儿手眼协调能力和跳跃能力，如幼儿相互抛接沙包，可以通过跑动、跳跃抓住沙包（见图 3-117）。

图 3-116　标记起跳位置　　　　　　　　图 3-117　丢沙包

（案例来源：北京市石景山区实验幼儿园　张雪）

案例 3-9-6　不推不挤轮流玩

某幼儿园教师组织悬垂游戏，幼儿积极性很高，都争先恐后地参加游戏。教师提出要求"单杠上最多同时有两名幼儿"，并要求幼儿排好队轮流玩。突然，一名幼儿上杠，并说："老师说杠上最多两个人。"然后将原本杠上的两名幼儿挤下去一个，随后他自己也因为用力过猛而掉了下来。

【案例分析】

教师对活动的要求不够明确清晰，导致个别幼儿理解不清；教师的分工合作不明确，导致幼儿出现排队混乱；教师的组织没有考虑悬垂游戏的特点，杠少人多，需要分组轮流进行，避免出现安全伤害事故。

【安全措施】

1. 教师要明确活动安全要求，以免幼儿出现理解不全面或是"钻空子"的现象。

2. 在日常活动中建立良好的规则习惯，如先出后进，先下后上，使幼儿理解相关要求的意义。

3. 教师要时刻关注幼儿活动情况，除提示杠上幼儿注意安全外，也要提示幼儿下杠后马上离开，不在杠下逗留，以免发生压倒或踩踏事故。

4. 教师在组织多人次游戏中，要注意幼儿的游戏秩序，保证幼儿在排队等待和运动过程中的安全，如不推挤、不打闹、不插队等（见图 3-118）。

5. 可以通过地面标志物或分组来实现杠上两人同时活动（见图 3-119）。

图 3-118　教师分工合作

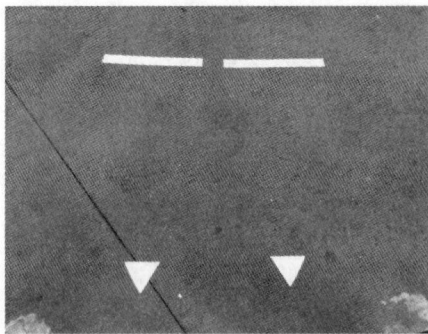

图 3-119　标记起跳和排队点

（案例来源：北京市石景山区实验幼儿园　张雪）

第十节　平衡类运动的安全与保护

一、平衡类运动的安全与保护要点

在组织平衡类运动时除了需要把握第二节中运动安全与保护的注意事项外，还需要考虑平衡的动作特点，主要掌握以下几个要点。

（一）适宜的平衡内容，把握运动时间

平衡活动对幼儿前庭刺激的强度较大，心理负荷较大，生理负荷较小，要注意生理和心理负荷的平衡。幼儿的平衡类活动应以动态平衡为主，静态平衡为辅。动态平衡主要包括以下内容：原地旋转、闭目行进、窄道移动、走平衡木等；静态平衡主要包括以下内容：闭目站立、单脚站立、提踵站立等。静态平衡活动不宜过多过长，遵循动静结合的原则，避免幼儿心理负荷影响较大，出现害怕、动作变形、注意力分散等情况。静态平衡活动适宜于运动负荷较大的跑、跳等活动组合。

（二）平衡活动顺序要安排合理

安排平衡活动与其他运动组合活动时，需要合理安排平衡活动的顺序，应该把平衡活动安排在幼儿精神较集中、体力较充沛、情绪较稳定时进行。这样幼儿才不会因为"走神"而影响游戏状态，出现从平衡木上踩空摔倒、脚扭伤等情况。不宜在剧烈活动之后，情绪较激动和身体疲劳时进行。例如，可以走过平衡木之后再进行爬垫子或者跑步等动作。

（三）注意控制平衡活动的速度，不以平衡速度比赛为主

平衡活动主要发展幼儿身体的控制能力以及平衡稳定，因此需要在幼儿身体平衡稳定的基础上逐步调整速度，而不是单纯为了速度而进行活动。例如，发展身体

重心的平衡，如走平衡木。旋转眩晕控制的平衡，如旋转、坐转转椅等，都需要在活动中控制速度。过快的速度容易使幼儿失去身体平衡，出现踩空、摔倒而导致腿部、头部运动伤害，出现安全事故。

（四）要教会幼儿掌握失去平衡时恢复平衡的方法

千般呵护不如自护，教师需要在平常的活动中注意帮助幼儿掌握在失去平衡时恢复平衡的方法，根据不同类型的平衡活动选择不同的方法。如走平衡木，在身体摇晃、失去平衡时，一不要慌，二要屈腿降低重心，三要控制速度停下，四是用双臂动作和改变上体姿势使身体重心移到支撑腿上。如翻滚时出现滚偏，就需要降低翻滚速度，双腿屈腿。如旋转时出现眩晕站不稳时，需要立马降低速度，同时降低身体重心蹲下，双手扶地，并闭上双眼，待眩晕感消失后再起身。

（五）教师站位要合理，保护方法和措施要得当

教师的站位和保护措施是幼儿安全进行平衡活动的前提保障。平衡活动类型不同，那么教师的站位以及保护措施和方法都相应有所不同，主要是确保上位保护方法及时，下位保护措施得当。例如，幼儿走平衡木时，教师首先要确保平衡木的稳定，其次教师的站位应该随着幼儿的移动而进行伴随式及时保护，而不应一直是定点站位。与此同时还应提示幼儿上平衡木和下平衡木的要点和注意事项，平衡木下方可以放置垫子，以防止幼儿踩空摔下。如幼儿旋转活动时，教师要在幼儿一侧及时做好保护，一旦幼儿出现失去平衡的情况，应及时扶住幼儿。下位保护措施主要是平衡活动周围没有障碍物，活动场地为软性或者弹性地面，如草地、垫子等。

知 识 链 接

平衡能力及其影响因素[①]

影响人体平衡能力的因素主要有四个方面，即视觉器官、前庭器官、肌肉本体感觉器官和中枢神经系统。其中，前三者把感知觉和视觉兴奋转化为神经冲动信息，经中枢神经系统综合分析形成电信号传至相应运动系统，指挥该运动系统做出实时反应，以使身体维持平衡。此外，人体肌力也是影响学龄前儿童平衡能力的重要因素。

---

① 王玉侠、李润中、曹惠容、吕朋林：《发展学龄前儿童平衡能力的体育运动方法研究》，载《青少年体育》，2019（4）。

二、平衡类运动的安全与保护案例

（一）小班案例

案例 3-10-1　上下楼梯要走稳

小班幼儿刚入园，部分幼儿园教师喜欢带幼儿上下楼梯练习幼儿平衡能力。但是部分幼儿上下楼梯时注意力不集中，上下肢动作不协调，常常一只脚踩到另一只脚，或者踩空出现摔倒的情况。

【案例分析】

在上述案例中，教师没有把握幼儿的年龄特点，小班幼儿以游戏为基本活动，枯燥的上下楼梯活动难以激发幼儿的参与兴趣。同时刚入园的幼儿集体排队意识不强以及注意力不集中，出现随意插队或者穿插队伍现象，或者前后幼儿过于紧密，缺少安全间距，这些都容易导致出现较大的安全隐患。

【安全措施】

1. 提供多样化的练习环境，激发幼儿充分练习的兴趣，如在每个楼梯上贴上小脚印，两节台阶之间的左右脚印为交错的（见图 3-120）。

2. 尊重幼儿的个体差异，对于能力较弱的幼儿，教师要带其先在平地上进行走线、走小桥等情境游戏（见图 3-121）。

图 3-120　楼梯小脚印　　　　图 3-121　走直线

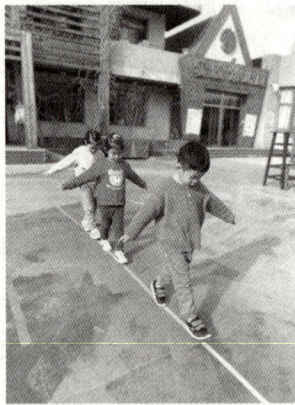

（案例来源：北京市石景山区实验幼儿园　刘珊珊）

案例 3-10-2　摔倒的一连串

教师将不同厚度的轮胎放倒，一个挨着一个摆放好，组织小班幼儿玩走轮胎的游戏。幼儿排好队一个跟着一个身体摇摇摆摆地尝试在轮胎上行走，站不稳的幼儿会用手扶前面的幼儿，导致前面的几名幼儿一起摔倒。

【案例分析】

在上述案例中，教师忽视了小班幼儿身体平衡控制感较弱这一年龄特点，在材料的选择以及摆放方面存在不足。虽然摆放的轮胎中有比较矮轻的轮胎，但轮胎的材质比较软，中间空心，小班幼儿平衡能力较弱，踩上去身体重心不稳定，容易摔倒，因而该材料不太适合小班幼儿行走。幼儿间隔过密，教师缺乏及时保护，导致一名幼儿摔倒，挨着的几名幼儿也一起摔倒。

【安全措施】

1. 根据幼儿水平选择材料，在幼儿平衡能力较弱时选择有一定硬度的物体，如木板。若幼儿平衡能力更弱，应先在平地上走线练习平衡感，再选择在有一定高度的物体上行走（见图3-122）。

2. 在草坪上进行此类游戏，或在周围摆放软垫避免幼儿磕伤。教师在幼儿活动中要在旁边进行保护。

3. 幼儿之间保持一定的距离，避免推倒或者碰倒其他幼儿。

图 3-122　木板上练习平衡

（案例来源：北京市石景山区实验幼儿园　刘珊珊）

（二）中班案例

案例 3-10-3　三轮车翻车了

一名中班幼儿在幼儿园骑车区选择了三轮车进行游戏，他想在拐弯处超过前面骑车的小朋友，但在弯道加速超车时，失去了平衡，翻车摔倒在地。

【案例分析】

平衡能力是幼儿动作学习与发展的基础。案例中的幼儿能够直线平稳地骑行三轮车，但在拐弯加速时出现摔倒的现象，主要因为三轮车在转弯时，由于惯性和幼儿加速，导致车身重心严重偏移，从而引发翻车的现象。

【安全措施】

1. 活动前，教师要检查幼儿戴护具情况，如头盔、护肘、护腕等，用护具保护幼儿的重要部位，减少受伤。

2. 教师要为幼儿在路线中设立交通安全标志、减速带等物品，提醒幼儿拐弯时减速慢行（见图 3-123）。

3.教师在活动前检查地面安全，如石头、钉子等，确保幼儿骑行的安全。

4.教师与幼儿商量游戏规则，如在转弯处不超车、按规定路线行驶、行驶中间隔距离等。

（案例来源：北京市石景山区实验幼儿园　刘珊珊）

图 3-123　摆放安全标志，戴安全帽

案例 3-10-4　不听话的高跷

某中班幼儿园教师让幼儿在水泥地上进行踩一定高度的高跷自由活动，幼儿与同伴一起踩高跷追跑，但高跷底部打滑，幼儿踩空失去平衡，导致崴脚。

【案例分析】

在上述案例中，教师没有选择适宜的游戏场地，缺乏游戏安全要求及提示，导致幼儿在不适宜的场地踩着高跷进行追跑，不能控制好高跷和身体的平衡而发生危险。

【安全措施】

1.选择和制作高跷玩具时，要根据幼儿的年龄特点以及能力水平选择适宜高度和宽度的高跷。一般幼儿刚体验高跷时，注意高跷高度要控制在 2～5 厘米，宽度和长度控制在 5～8 厘米（见图 3-124）。

图 3-124　高度适合的高跷

2.教师要提前了解幼儿的能力水平，循序渐进，难度不要过高，兼顾能力弱的幼儿。

3.活动前要检查高跷是否损坏，高跷的绳子是否完整，选择适宜走高跷的场地，在平整的场地上熟悉游戏方法，保证安全游戏，避免扭伤脚和摔倒。

4.教师要提前提出游戏要求，如不踩高跷追跑、拉好高跷的绳子与脚底协调配合等（见图 3-125）。

5.选择摩擦力强的地面进行踩高跷游戏，

图 3-125　踩高跷

如在地毯上、草坪上、塑胶地等，避免高跷打滑。

（案例来源：北京市石景山区实验幼儿园　刘珊珊）

（三）大班案例

案例 3-10-5　为什么会从平衡木上掉下来?

某教师在组织大班幼儿走平衡木活动时，为了减少幼儿等待时间，让幼儿一个跟着一个走平衡木。平衡木的宽度为 15 厘米，高度为 30 厘米。一部分幼儿在平衡木上双脚不稳，身体晃动，走得慢的幼儿将后面的人堵住，走得快的幼儿催走得慢的幼儿，并出现推挤现象，导致幼儿从平衡上掉下来。

【案例分析】

在上述案例中教师没有考虑幼儿的个体差异，没有根据不同幼儿的平衡能力选择不同水平难度的平衡木，让能力较弱的幼儿选择稍低和稍宽的平衡木。同时游戏时幼儿之间的安全间距过短，导致拥挤。

【安全措施】

1. 教师要根据幼儿不同的能力水平准备多个不同宽度和高度的平衡木，幼儿可根据自己的水平进行自主选择和挑战。大班幼儿的平衡木应选择高度 10～30 厘米，宽度 15～20 厘米，还可在平衡木上摆放障碍或创造坡度不超过 5° 的平衡木（见图 3-126）。

2. 选择平整的场地摆放平衡木，确保稳固，避免平衡木晃动给幼儿带来畏惧感。

3. 在较高的平衡木下增加软垫，增强防护，缓解幼儿恐惧感（见图 3-127）。

图 3-126　带障碍走平衡木

图 3-127　软垫防护

4. 在游戏前和幼儿一起制定游戏规则：前一个幼儿走完平衡木，下一个幼儿再走。

（案例来源：北京市石景山区实验幼儿园　刘珊珊）

案例 3-10-6　脚下的滚筒为什么总逃跑？

教师组织幼儿脱鞋在木地板的游戏室进行游戏。一名大班幼儿双脚踩在平放的木制圆柱体积木上，教师在幼儿前面双手扶着幼儿，使幼儿脚下的积木向前滚动，积木滚动了几下就从脚底滑出，幼儿一直跟跟跄跄，不敢向前走动，害怕摔倒。

【案例分析】

在上述案例中，教师选择的材料不适宜。圆柱体积木与地板之间摩擦力较小，积木容易滑滚出去。同时教师没有考虑幼儿的个体差异而投放不同大小、不同材质的材料。

【安全措施】

1.游戏前选择摩擦力较大的地面，如地毯、草坪、瑜伽垫等，还应关注圆柱体的材质，初次尝试游戏时避免使用金属类、光滑木制等圆柱体，选择硬泡沫类材质较好（见图3-128）。

2.根据幼儿个体差异选择不同的滚筒平衡游戏，可以让幼儿尝试不同大小的圆柱体材料。

3.建议教师分层次投放游戏材料，先投放一些平衡板、平衡球等玩具，待幼儿的平衡能力有较强的基础后，再尝试用大油桶等圆柱体材料进行滚筒游戏（见图3-129）。

（1）　　　　　　（2）

图 3-128　教师保护踩滚筒　　　　图 3-129　分层次投放平衡游戏材料

（案例来源：北京市石景山区实验幼儿园　刘珊珊）

第十一节　球类运动的安全与保护

一、球类运动的安全与保护要点

在组织球类运动时除了需要把握第二节中运动安全与保护的注意事项外，还需要考虑球的特点，主要掌握以下几个要点。

（一）球的硬度、大小适宜

球的类型比较多，幼儿园开展多种类型的球游戏活动时要考虑球的硬度和大小需要符合幼儿的发展需要，避免过硬过重的球对幼儿的腕部、手指、脸部以及身体其他部位造成伤害。棒球或者高尔夫球因过硬而一般较少用于幼儿园。幼儿园的篮球如果用来拍球或者投球，一般选择4号球，圆周650～670毫米，重量465～535克，球的硬度以从幼儿腹部位置放下后能反弹到髋部位置为宜，过低说明气不足，过高说明气过足导致球过硬。排球要尽量选择软式排球，里面填充物一般为太空棉，弹性较强，对幼儿身体或者手指的冲击力较小。幼儿一般宜选择3号足球，球的直径为18厘米。

（二）注意把握拍球次数和时间

幼儿腕骨还没有钙化，上肢和手部力量小，容易疲劳。幼儿上臂、手腕、手指各个关节不会协调配合。拍球需要较强的手臂力量，同时球反弹后对手掌的反弹力也较大，如果不注意把握幼儿的生理特点，而进行长时间多次数的单纯拍球活动，容易导致手腕部的疲劳和劳损，因此需要把握拍球的次数和时间，可以将身体不同部位的活动有机地结合起来，避免让幼儿身体某一部位的生理负荷过重。

（三）教会幼儿掌握躲闪球的方法

幼儿进行滚球、投球、击打球、踢球等动作时，由于球具有一定的速度，如果躲闪不及，碰到身体容易出现运动伤害，因此教授幼儿掌握躲避球的方法和技巧显得尤为重要。首先注意力要高度集中，学会判断球的方向、速度、高低、远近，根据球的状态及时调整自己的身体位置。其次需要通过游戏的方式和形式提升幼儿快速反应能力以及身体移动控制能力，这样才能有效躲避球。例如，幼儿可以用左右滑步动作、跳跃动作、侧身跑等各种动作躲避教师滚过来的球，躲避教师反弹地面后的网球，躲避教师投掷过来的网球，等等。再次学会判断球落点后的反弹路线，从而及时躲闪。例如，自己用网球击打地面或者击打墙面，头部不能在落点的正上方或者正前方，不然容易被反弹的球击打到鼻子或者脸部等要害位置。

（四）学会正确的接球、玩球方法

球是圆形的且具有弹性，能滚动、反弹、抛接、拍打等，球类游戏玩法是根据球的特点来开展的，但是需要把握正确的方法。例如，接篮球时，双手迎球接球时五指指尖需要稍微朝外展开，避免指尖直接触碰到球，导致手指挫伤或者指甲盖翻开。踢足球时，如果常用脚尖踢球，会导致幼儿脚拇指受到过大的外力冲击，容易出现脚拇指受伤、甲沟炎等情况，因此一般引导幼儿用脚背或者脚弓踢球。停球或者踩球时，引导幼儿控制身体平衡稳定，身体重心不能在踩球脚上，否则容易失去平衡而崴脚或者摔倒受伤。

二、球类运动的安全与保护案例

（一）小班案例

案例 3-11-1　为什么手腕会酸痛？

某小班的教师最近组织班上的幼儿一起玩拍球游戏，幼儿人手一个充气很足的篮球。在多次拍球过程中，幼儿感觉手腕及手臂用力过大，手腕酸痛。

【案例分析】

教师在指导拍球这个游戏过程中，没有关注到小班幼儿手腕的骨骼和肌肉特点，忽视了幼儿上臂力量、手腕力量及手指力量的不足，让幼儿拍球的次数过多，同时选择的篮球硬度过大，导致幼儿手腕损伤。

【安全措施】

1. 在运动前做好充分的热身活动，重点活动手臂、手腕以及手指，以免因热身不充分导致幼儿的损伤（见图 3-130）。

（1）

（2）

图 3-130　手腕热身

2. 拍球的场地选择在平坦的地方，引导幼儿了解拍球动作要领，用正确的姿势练习。拍球时，用手指而非手心触球，五根手指分开，掌心稍屈接触球表面，手腕手臂恰当用力向下按压球。尝试把拍球的方法编成小儿歌之类便于幼儿理解记忆的形式，方便幼儿掌握。

3. 小班幼儿进行拍球练习时，可以先选择柔软轻巧、弹性较大的球进行练习，避免使用过大、过硬的球进行游戏（见图 3-131）。

图 3-131　拍球练习

4.小班幼儿初次尝试拍球，可以先采用拍一次接一下的方式重复多次。听教师口令："拍球，接住！"循序渐进地进行拍球。或创设一些游戏情境进行拍球游戏，如打地鼠等（见图3-132）。

（1）　　　　　　　　　　　　　　　　（2）

图 3-132　听口令拍球

（案例来源：北京市石景山区实验幼儿园　常文静）

案例 3-11-2　乱飞的足球

某幼儿园小班教师组织幼儿进行足球的滚球游戏，两名幼儿面对面间隔1.5米进行手滚球传递游戏。部分幼儿将球用力地传出，甚至有的幼儿将球用脚踢出去，以致球砸到对面幼儿的身上。

【案例分析】

上述案例主要是由于教师没有考虑到小班的幼儿看到球容易兴奋，同时注意力容易分散的特点，游戏的规则不清晰，安全要点以及注意事项没有强调，导致危险动作的出现。

【安全措施】

1.活动前教师要非常清晰地讲解游戏规则，滚球的过程中强调不可用脚踢球，而是用手将球轻轻滚到对方幼儿的手中（见图3-133）。

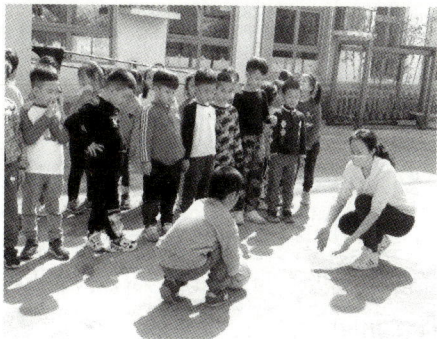

图 3-133　教师示范

2.两名幼儿间隔距离缩小，幼儿可以更准确地把握球滚的方向和力度（见图 3-134）。

3.多种滚球游戏体验滚球力度。幼儿面对筐蹲在地上，间隔 0.5 米，试着将球对准筐轻轻滚到筐中，感知手滚球的方向和力度，后再进行双人的滚球游戏（见图 3-135）。

图 3-134　滚球

图 3-135　滚球进筐

（案例来源：北京市石景山区实验幼儿园　常文静）

（二）中班

案例 3-11-3　为什么受伤的总是脸？

某幼儿园中班的教师组织幼儿玩传球游戏，两人面对面间隔 1 米，将球击地后传给对面的幼儿，由其接住后再传回对方。尽管教师不断提醒传球不要用力过大，但是很多幼儿击地传球力量过大，对方接不住球，而导致球反弹砸到脑袋或者鼻子，造成脑袋被击伤和鼻骨损伤。

【案例分析】

在游戏的过程中，幼儿没有掌握击地传球的方法和力度，抛球的一方不能预估球击打在哪个地方才容易让对方接到，如果力度大，位置偏，而接球的一方空间和距离的感知能力较弱，就容易造成球伤人的现象。另外，两人击地传球的距离过短也是造成安全隐患的一个原因。

【安全措施】

1.两名幼儿击地传球的间距要适宜，不要过远，也不要过近，大约 1.5 米，可以根据幼儿的实际能力灵活调整间距。

2.开始练习时要选择材质柔软、弹性好的小球，从小球逐步过渡到大一些的球，循序渐进地体验球的弹性（见图 3-136）。

3.可以在击地传球的地面上贴一个圈，引导幼儿把球击打在圈上，避免力度过大（见图3-137）。

图 3-136　拍球

图 3-137　击地传球

（案例来源：北京市石景山区实验幼儿园　常文静）

案例 3-11-4　为什么手指挫伤了?

某幼儿园中班的教师正在组织幼儿进行投篮游戏，要求每名幼儿手持一个篮球在距离球筐 1.5 米的地方进行投篮。幼儿拿到篮球后都兴致勃勃，跃跃欲试。部分幼儿只关注来球，手接球的过程中手指戳到了篮球上，导致手指挫伤。

【案例分析】

游戏中幼儿注意力不集中，同时接球的姿势不正确，双手手指没有张开向外翻，而是直对篮球，导致触球的过程中，球直接挫伤手指。

【安全措施】

1.球的气不要打得太足，幼儿持球从腹部位置放下，如果反弹到髋部高度为适宜，过高表示过硬。

2.加强双手接球练习，掌握动作要领。

3.利用儿歌的方式强化接球动作。

（案例来源：北京市石景山区实验幼儿园　常文静）

（三）大班

案例 3-11-5　为什么夹不住球?

大班的教师选用 5 号足球组织幼儿双脚进行足球夹球跳接力游戏。幼儿在游戏过程中，出现夹不住球，被绊倒而受伤的情况。

【案例分析】

上述案例可以从多个因素分析：一方面是选择的足球不适宜，5 号足球是成人足球，偏大，不便于幼儿夹球进行跳跃；另一方面足球过硬导致双脚夹不住球，同时跳跃的过程中，幼儿身体控制以及落地不稳，容易踩到足球而摔倒。

【安全措施】

1.选取一些幼儿适用的小足球，体积要小，不要打满气，方便幼儿用脚夹球（见图3-138）。

2.教师先组织幼儿进行分小组的夹沙包游戏，感知脚夹物的发力感，再逐渐改为足球（见图3-139）。

3.夹球接力赛游戏。可将幼儿夹球行走的距离减小，如两名幼儿之间间隔2米进行接力（见图3-140）。

图3-138 适宜的足球

图3-139 沙包跳

图3-140 夹球接力

（案例来源：北京市石景山区实验幼儿园 常文静）

案例3-11-6 为什么足球不受控？

某幼儿园正在开展足球特色课，大班的教师组织幼儿进行足球传球练习。传球是足球运动当中非常重要的技能。操场上幼儿正在自由组合，两人相互配合将足球传给自己的同伴，但是，幼儿总是在传球的过程中踢空而使自己摔倒在地，或者把足球踢得太高，砸到别人，存在很大的安全隐患。

【案例分析】

上述案例中踢不到球导致踢空摔倒主要反映的是幼儿脚眼协调能力弱，判断不准球的位置。球踢得高砸到他人，主要是由于幼儿腿部力度控制把握不好，不知如何把握合适的力度，从而导致足球不受控。

【安全措施】

1.对于幼儿脚力度的练习，可设置一个游戏情境"足球送回家"。"家"可以用有重量的箱子代表，侧放在地上，距离幼儿可分别在1米、2米、3米等处。距离近的可引导幼儿踢球用力小一些，距离远的可引导幼儿踢球用力大一些，从而让幼儿感知对于脚力度的控制（见图3-141）。

2.通过游戏让幼儿逐步掌握传球的方向。可先选择射门游戏，扩大传球的目标面积，在这一过程中让幼儿逐步熟悉球性，掌握传球时控制方向和力度的技巧，后面再尝

图 3-141　送球回家游戏

试让两名幼儿配合，面对面站立，间隔1.5米体验更精确一些的传球游戏（见图1-142）。

图 3-142　传球游戏

3.改变场地，减缓球的速度，尽量在草坪上进行足球游戏。

（案例来源：北京市石景山区实验幼儿园　常文静）

小　结

　　本章详细阐述了婴幼儿常见的运动类型与安全注意事项，有利于各项运动的顺利开展。掌握常见运动的安全与保护要点是预防运动伤害，避免安全事故的重要保障。翔实的安全与保护案例为教师提升活动组织能力提供了支撑。

关键术语

　　运动类型　　安全注意事项　　教师站位

思考与练习

一、简单题

1. 0—3 岁婴幼儿常见的身体活动类型有哪些?

2. 0—3 岁婴幼儿常见身体活动安全注意事项有哪些?

3. 幼儿园常见的运动类型有哪些?

4. 幼儿园常见运动的安全注意事项有哪些?

5. 幼儿跑步类运动的安全与保护要点有哪些?

6. 幼儿跳跃类运动的安全与保护要点有哪些?

7. 幼儿投掷类运动的安全与保护要点有哪些?

8. 幼儿钻爬类运动的安全与保护要点有哪些?

9. 幼儿攀爬类运动的安全与保护要点有哪些?

10. 幼儿翻滚类运动的安全与保护要点有哪些?

11. 幼儿悬垂类运动的安全与保护要点有哪些?

12. 幼儿平衡类运动的安全与保护要点有哪些?

13. 幼儿球类运动的安全与保护要点有哪些?

二、实践与练习

1. 请选择几种运动,让幼儿分小组相互体验保护动作。

2. 请在幼儿园实地选择一个运动设施,并分析存在的安全隐患以及运动保护方法。

拓展阅读

毛振明、于素梅主编:《体育教学安全防护与案例》,北京,北京师范大学出版社,2009。该书对体育教学组织中的安全隐患与防护案例、体育场地和器材的安全隐患与防护案例、体育教学中各运动项目的安全隐患与防护案例做了详细介绍,对于幼儿园教师组织体育活动、掌握不同运动的安全与保护要点有重要参考意义。

第四章
婴幼儿运动伤害

∧
∨
∨
∨
∨
∨
∨

学习目标

1. 理解婴幼儿运动伤害的概念。
2. 了解婴幼儿运动伤害的特点及分类。
3. 了解婴幼儿运动伤害发生的原因。
4. 掌握幼儿园常见的运动伤害案例。

思维导图

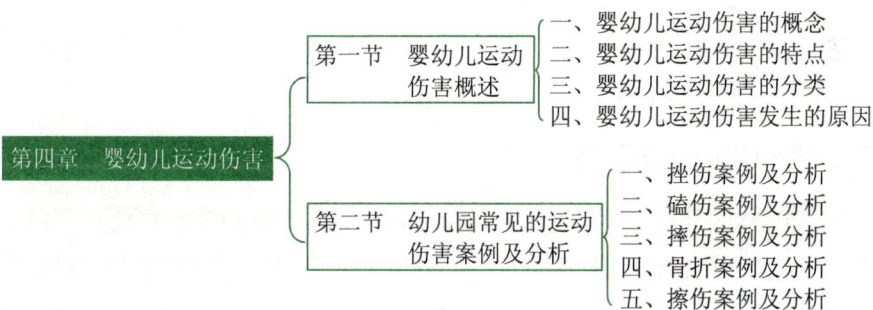

第四章 婴幼儿运动伤害

第一节 婴幼儿运动伤害概述
一、婴幼儿运动伤害的概念
二、婴幼儿运动伤害的特点
三、婴幼儿运动伤害的分类
四、婴幼儿运动伤害发生的原因

第二节 幼儿园常见的运动伤害案例及分析
一、挫伤案例及分析
二、磕伤案例及分析
三、摔伤案例及分析
四、骨折案例及分析
五、擦伤案例及分析

导 入

乐乐是一个聪明活泼的小女孩，家长从幼儿园中班开始就给她报名参加了舞蹈班。一次在舞蹈课上，老师给乐乐做了"开肩"，结果乐乐回家后说有点不舒服，一周后就出现了左臂举不上去的情况。经医生检查后发现，乐乐是臂丛神经拉伤，经过 6 周的康复治疗后，乐乐的手臂和肩膀才恢复了正常。

乐乐小朋友的案例并非个案。在运动中，场地不适宜、运动方法不当等多种因素都可能造成婴幼儿的运动伤害，如脚踝扭伤、膝关节韧带损伤等。最为严重的还发生过幼儿因做下腰动作导致瘫痪的情况。因此，了解婴幼儿常见的运动伤害及其原因，以科学的方式开展运动，使他们避免运动伤害是十分有必要的。

第一节　婴幼儿运动伤害概述

体育运动对于婴幼儿的学习与发展有诸多方面的好处，不但可以增强婴幼儿的身体素质，还能培养婴幼儿不怕困难、勇于挑战等良好的心理素质。然而近些年来，在运动培训市场低龄化的趋势下，很多家长盲目跟风，过早地让幼儿参加一些专项运动，再加上一些从事幼儿体育工作的教师并不了解幼儿的生理特点，盲目加大幼儿的运动量和运动难度，或在一些有风险的运动项目中缺乏保护意识和措施，从而导致运动伤害的发生。

因此，幼教工作者应掌握与婴幼儿运动伤害有关的基本知识，使婴幼儿的体育锻炼更加科学有效，从源头上减少运动伤害发生的概率，从而真正让婴幼儿在运动中快乐成长。

一、婴幼儿运动伤害的概念

体育运动造成的人体组织或器官表面破坏或生理功能紊乱，被称为运动伤害。[1]综合国内外相关研究，本书将婴幼儿运动伤害界定为：婴幼儿在家庭、幼教机构体育活动中，受直接或间接外力作用产生的身体部位的疼痛或伤害，进而需要寻求医疗服务等情况，如摔伤、扭伤、骨折等。

二、婴幼儿运动伤害的特点

婴幼儿骨骼肌肉系统的发育有其自身的特点，他们的骨骼发育还不完全成熟，正在发育的软骨组织和肢体骨骼也显得相对脆弱，抗击打、防御能力相对较差，当韧带突然受到外力而发生损伤时，软骨组织和骨骼等常常先被损伤。具有生长板是婴幼儿骨骼最大的特点，外力作用会影响生长板的厚度或造成骨骺分离；婴幼儿骨外膜较厚且有力，骨折后出现骨痂速度快，并较成人明显；婴幼儿韧带强韧，骨外伤易造成婴幼儿骨骺分离，但不易造成关节脱位，薄的骨骺板有一定弹性，受外力影响，会在干骺端上轻微滑动；婴幼儿骨外膜厚且强韧，不易撕裂，发生骨折移位，骨外膜的铰链作用有助于骨折的修复；婴幼儿骨骼呈多孔状，柔韧度大，易受外力，较少出现压缩骨折。

由此可见，婴幼儿运动伤害的特点也有别于成人的。

---

[1]　李若愚：《运动保健学》，121～122页，成都，四川大学出版社，2014。

（一）小伤、轻伤多

婴幼儿在运动过程中很少发生严重的损伤，大部分属于"轻度"损伤。如皮肤擦伤、割伤是婴幼儿在运动中最常见的损伤，擦伤多发生在膝盖、肘部和手掌。割伤多是触摸玻璃碎片、金属物锋利边缘所致。

（二）软组织损伤多

婴幼儿的损伤以软骨损伤为多见，而退行性的损伤少，如过度运动引起的骨软骨炎等，成为最多见的婴幼儿慢性损伤。

（三）自愈能力强

婴幼儿的运动伤害具有一定的自愈性或者愈合能力较强，经过制动、保守治疗后多数可以自愈，微骨折的治疗效果明显优于成人。

（四）耐受性好

婴幼儿对于运动伤害耐受性好，易被忽略或者漏诊。由于没有足够的认识，很多婴幼儿说关节疼痛时易被认为是"生长痛"或者"肌肉痛"而被忽略。

三、婴幼儿运动伤害的分类

对运动伤害进行一定的分类，有助于运动伤害的第一时间诊断治疗和康复，也可以为合理安排伤后的体育运动提供科学的依据和实践指导。运动伤害常用的分类方法如下。

（一）按组织学分类

据运动伤害组织种类不同，可以将运动伤害分为肌肉韧带的挫伤及断裂、挫伤，四肢、颅骨、脊柱骨折，关节脱位，脑震荡，内脏破裂，等等。临床诊断多采用此种分类方法。

（二）按运动能力丧失的程度分类

1. 轻度伤

受伤后仍能进行体育活动的损伤。

2. 中度伤

受伤后需要到医院门诊治疗，不能继续参与运动，须减少伤部活动或者停止伤部运动的损伤。

3. 重度伤

完全不能参与运动，往往需要住院治疗的损伤。

（三）按损伤部位分类

根据损伤部位不同，可将运动伤害分为头颈部伤害、腰背部伤害、肩部伤害、肘部伤害、腕部伤害或髋、膝、踝部伤害等。

（四）按皮肤或黏膜是否受损分类

1. 开放性伤害

伤处皮肤或者黏膜的完整性遭到破坏，有伤口与外界相通，有组织液渗出或血液自创口流出，如擦伤、刺伤、撕裂伤及开放性骨折。

2. 闭合性伤害

伤后皮肤或黏膜仍保持完整，无伤口与外界相通，伤口的出血聚集在组织内。如挫伤、肌肉拉伤、关节韧带损伤、闭合性骨折、关节脱位等。

（五）按发病的缓急分类

1. 急性伤害

急性伤害是由瞬间暴力一次作用而致伤，伤后症状迅速出现。其特点是发病急，症状骤起，如关节扭伤、骨折、脱位、肌肉拉伤等。

2. 慢性伤害

慢性伤害是指由于长时间的局部负荷过大，超出组织所能承受的能力而导致的组织损伤，其特点为发病缓慢，症状渐起，如疲劳性骨膜炎、髌骨软骨病、慢性牵拉性骨骺炎等。

四、婴幼儿运动伤害发生的原因

导致婴幼儿运动伤害发生的原因通常有以下几种。

（一）场地器材、天气导致的运动伤害

婴幼儿的运动场地存在不平坦，坑坑洼洼，有石子，器材不牢固、有锐角等情况。水泥地铺设的操场质地坚硬、摩擦力较大，婴幼儿骨骼发育迅速，软组织较多，易变形，在水泥地上运动负荷过量时，会使婴幼儿骨化过早完成而影响其长骨，同时还容易引起运动伤害，如骨折、摔伤等。另外，运动器材的放置也有讲究。例如，跑的游戏项目中最好不用球作为标志物，尤其是往返跑和蛇形跑等，否则容易让幼儿绊脚或脚踩球，引起意外事故的发生。

体育活动通常是在户外进行的。自然环境好坏也会成为运动伤害是否发生的原因。雨后运动场地湿滑容易导致滑倒，夏天气温太高容易发生疲劳或中暑，冬天气温过低容易造成肌肉僵硬、动作不协调而导致运动伤害。

知识链接

幼儿园户外运动场地的设施安全[①]

户外运动场地是幼儿最容易发生伤害事故的地方。研究表明，79%的事故与摔落有关，且有一半以上的伤害发生在 4 岁以下幼儿身上。常见的是摔在地面上、器械上，或在摔下来时砸在其他小朋友的身上。因此，所有的运动设施的下方或周围都要铺设 20～30 厘米具有缓冲作用的弹性材料如沙子或塑料胶等来预防伤害。大量的研究证明，跌落在松树皮上造成骨折的可能性是跌落在沙子上的 5 倍，所以用沙子铺在表面上是预防摔伤的第一选择。对幼儿来说，沥青、草和泥土都是危险的，不应用在运动设施周围。需要注意的是，所有缓冲材料的表面应每隔几周就整理一次，以防它们被压紧以致失去缓冲功能。此外，建议不要将蹦床作为幼儿园的常规器械。

（二）体育活动的方法、内容、运动量不适宜造成的运动伤害

如幼儿体育活动前准备活动不当或不充分，活动开始用力过猛，或运动量突然加大，易导致关节扭伤、肌肉拉伤等。再如，幼儿从高处往下跳时，膝关节没有屈伸，落地时是脚后跟着地，会导致膝关节受损和脑震荡。当运动量超出了幼儿身体的承受范围时，也会造成疲劳骨折、生长板紊乱等运动伤害。如拔河之类的大力量对抗游戏，就容易引起幼儿心脏疲劳、腕关节脱臼或软组织受伤等。

（三）婴幼儿自身因素导致的运动伤害

婴幼儿的骨骼、肌肉、关节以及控制和协调运动的神经系统尚未发育完善，运动的感知觉较差，动作的协调性差，反应不够灵敏，平衡能力弱，而这一年龄阶段的婴幼儿恰恰又十分好奇好动，缺乏安全意识和自我保护能力，从而导致安全事故和运动伤害的发生。[②] 此外，如果婴幼儿的睡眠不足或者患病刚刚痊愈，肌肉的力量和身体的协调性会明显下降，反应也比较迟钝，注意力也很难集中，这时候如果参加一些剧烈的运动，很容易就会发生运动伤害。家长还要注意婴幼儿运动时穿的运动服和鞋子是否合适，否则都有可能引起运动伤害。

案 例

着装对于幼儿运动安全的重要性

曾经在一所幼儿园就发生过这样一个真实的案例。一位幼儿在双杠上爬行，下

---

① 冷小刚：《幼儿体育活动中的卫生与安全》，载《南京体育学院学报（社会科学版）》，2002（5）。

② 陈倩苇：《青少年运动损伤风险因素及预防》，载《当代体育科技》，2020（26）。

来的时候不小心裙子缠绕双杠,幼儿就这样双脚悬空地被悬挂于双杠下。幸好旁边的教师及时发现并将幼儿抱下来,才没有造成进一步的伤害,否则后果真是不堪设想。由此可见,不适宜的着装会给幼儿的运动安全带来极大的安全隐患。教师和家长都应了解并确保在幼儿运动时的着装安全。

·穿着运动服和运动鞋。鞋子的大小要合适,并且要穿好,防止从脚上脱落下来。如果鞋子太大,幼儿很容易绊倒或崴脚,如果鞋子太小,对幼儿脚部的发育会产生不利影响。

·不穿戴诸如有绳子、带子一类容易被挂扯到的衣物,如不戴有绳子的手套,不穿有帽绳的上衣。

·玩耍时不敞着外衣的扣子。

·头上或衣服上不戴尖锐的发饰或装饰物。

(四)对婴幼儿监护不足导致的运动伤害

当婴幼儿在户外开展运动游戏时,家长、教师必须密切配合,共同对婴幼儿进行监督。每位婴幼儿都应至少在一位教师的视野范围之内。无论室外、室内,幼教机构都应保持适宜的师幼比,以减少由于教师的疏忽而造成的伤害。运动前,教师还应对幼儿的运动状态进行观察评估,提前判断幼儿是否可能在运动中发生伤害,并通过积极的准备活动、合理的运动防护来进行预防。如果教师的运动保护意识淡

> **小贴士**
>
> 检查室外运动设施是否存在以下安全隐患[1]
> ·存在视野盲区,无法在所有时间都看到幼儿。
> ·存在容易发生跌撞的区域。
> ·有易绊倒幼儿的突出物和障碍物。
> ·器械间距不够大。
> ·表面破碎、爆裂、弯曲或变形。
> ·有锋利的部位或边沿。
> ·有需要添加润滑剂、吱吱作响的部分。
> ·有松动的螺母或螺栓。
> ·有腐朽的木材或碎片。
> ·有破损的器材。
> ·有剥落的油漆、锈迹。
> ·器械下方的缓冲物厚度不够或面积太小。

---

① [美]凯西·罗伯逊:《儿童早期教育中的安全、营养与健康》,刘馨等译,123页,北京,北京师范大学出版社,2018。

薄，则可能导致伤害发生。

此外，幼教机构教师的监护作用还应包括定期对户外游戏的设施设备进行安全检查。对于难以检查到的地方要请专业人员来进行检查和修理。

第二节　幼儿园常见的运动伤害案例及分析

运动伤害是指运动过程中发生的各种损伤。运动伤害可以发生在任何进行体育锻炼的人身上，幼儿天性活泼好动，生活经验少，自我控制能力弱，是发生伤害事故的高危人群。尽管教师在工作中时刻加以预防，一些轻微的运动伤害如皮肤擦伤等，仍然是日常生活或运动中难以避免的，经过简单的伤口处理后，并不影响幼儿的正常活动，因此教师和家长大可不必为此过分紧张，应将其视为幼儿成长过程中的正常现象。幼儿在运动的过程中一旦出现较为严重的运动伤害，就会给幼儿的身心健康成长带来负面影响。严重的运动伤害甚至会造成幼儿残疾，乃至有生命危险。所以教师一定要注意预防，避免运动伤害，减少后续危害的发生。例如，让幼儿过早练肌肉会影响幼儿身体的发育。幼儿的身高先于体重的增长，且肌肉含水分较多，含蛋白质和无机盐很少，力量弱，易于疲劳。因此，在幼儿长身体的时候，尽量不要过早进行肌肉负重的力量锻炼。

幼儿园常见的运动伤害主要指幼儿在参与体育活动或体育游戏时的损伤，主要有挫伤、磕伤、摔伤、骨折和擦伤。幼儿园常见的运动伤害案例，主要有以下常见的几类。

一、挫伤案例及分析

挫伤是指由钝器作用造成以皮内或 / 和皮下及软组织出血为主要改变的闭合性损伤[①]。

1.小班幼儿挫伤案例

双手控球，绊倒挫伤

【案例陈述】

某幼儿园，一次户外活动中，教师准备教幼儿学双手控制球方法。教师首先示范讲解双手如何对球进行控制，然后请幼儿尝试。一名幼儿在实际练习中，不小心

---

① 毛振明、于素梅主编:《体育教学安全防护教程与案例》，130 页，北京，北京师范大学出版社，2009。

被球绊倒，倒地时手部被地面挫伤。

【案例分析】

造成这起伤害事故的原因是，幼儿还不能自如地控制球的方向，并且只有一名主班教师。

【安全措施】

不论是户外活动还是体育游戏，在活动中应将幼儿分组或划分好活动区域，并有教师配合组织。

2. 中班幼儿挫伤案例

抛球游戏，前倾挫伤

【案例陈述】

某幼儿园教师为了培养幼儿手眼协调能力及手部控制能力特展开了一项互抛互接大球的活动，活动中为每组幼儿分发一个大球，请一方抛球而另一方接球，接到球后再抛给同伴。幼儿甲在活动中抛出的位置偏低下，幼儿乙为了可以接到球身体向前下方低出而导致身体前倾挫伤手部。

【案例分析】

造成这起伤害事故的最主要的原因是，幼儿的手臂力量、手眼协调能力不强。

【安全措施】

不论是户外活动还是体育游戏，大部分幼儿在努力的情况下可以达到练习的要求。个别幼儿需要特别关注，难度稍低一些，练熟悉后再升高难度。

3. 大班幼儿挫伤案例

花样拍球，躲闪挫伤

【案例陈述】

某幼儿园教师带领幼儿玩"花样排球"。教师首先在身体前侧原地拍球，再在左侧、右侧、后方等方位拍球。当幼儿在练习时，一名女童被裤兜里装的铅笔扎到而快速闪躲导致膝盖部位挫伤。

【案例分析】

造成这起伤害事故的原因是，教师在组织活动前缺乏安全教育，以及幼儿腿部肌肉控制力量不足或身体转换慢。

【安全措施】

教师在组织活动前一定要进行安全教育，需要提醒幼儿不能携带危险物品并做细致的检查。

二、磕伤案例及分析

1.小班幼儿磕伤案例

翻山越岭，下巴磕伤

【案例陈述】

某幼儿园教师请幼儿一起玩"翻山越岭"的游戏。"小羊们"需要翻过一座山穿过"隧道"才可以吃到新鲜的青草。"小羊们"排了一个很长的队伍，掉队的"小羊"加速前进时小手因过于前伸而扑倒在地，磕伤下巴，还好是轻微受伤，只磕伤了牙齿。如果严重磕伤下巴会导致出血，有可能需要缝针治疗。此外，还有一名幼儿磕伤肘关节。

【案例分析】

此年龄段的幼儿能在65～70厘米高的障碍物下钻来钻去，但有的幼儿还未能手和膝盖灵活地交替前进，四肢不能协调配合。

【安全措施】

教师应在幼儿手部肌肉得到锻炼，能连贯爬行基础上实施，在爬行时铺上垫子，并多多关注体弱幼儿。

2.中班幼儿磕伤案例

起跳腿软，牙齿受伤

【案例陈述】

某幼儿园在开展体育活动中，教师首先讲解示范立定跳远的动作，并提示幼儿注意安全。某幼儿在第一次起跳时因为没有控制好腿部力量导致力量不足而趴倒在地，因此磕伤牙齿，咬伤舌头。

【案例分析】

造成这起伤害事故的原因，一方面是幼儿腿部力量不足，另一方面是教师没做好及时保护。

【安全措施】

在幼儿起跳时要多次叮嘱，此时的幼儿能自然摆臂连续纵跳碰触到距离幼儿指尖20厘米左右的物体。另外练习开始之前一定要做好准备活动，做好腿部动作的练习。

3.大班幼儿磕伤案例

跳跃障碍，磕伤流血

【案例陈述】

某幼儿园为了增强幼儿体质开展了一次户外活动，活动内容设置有投、走、跳跃等动作，要求首先屈膝投沙包，然后绕障碍物曲线走，最后跳越40厘米高的障碍物。10分钟后某幼儿在跳跃时因被绊倒而磕伤膝盖致破皮出血。

【案例分析】

造成这起伤害事故的原因是，幼儿助跑时，未抬高腿、屈膝盖。

【安全措施】

在活动前充分做好准备活动，同时提示幼儿助跑动作要领，做好保护。

三、摔伤案例及分析

1.小班幼儿摔伤案例

双脚跳动，摔伤额头

【案例陈述】

某幼儿园，教师带领幼儿做户外活动。幼儿被要求起跳后能够双脚同时落地。幼儿动作很标准，但是个别的落地时因重心不稳导致身体前倾而磕伤额头鼓起大包。

【案例分析】

幼儿受伤属于意外伤害，有时候教师不可预见和避免。此外幼儿双脚力量不均，双脚的稳定性掌握得不好是产生伤害的主要原因。

【安全措施】

不论是户外活动还是室内活动，因幼儿间个体差异，让幼儿在自己能力范围内进行练习即可。教师应教会幼儿正确起跳、落地的方式方法，让幼儿在掌握大肌肉群动作的同时，也加强小肌肉群和精细动作的发展。

2.中班幼儿摔伤案例

老狼游戏，踩踏摔伤

【案例陈述】

某幼儿园，教师带领幼儿进行"老狼老狼几点了"的游戏。游戏规则为：第一，参加游戏的幼儿在横线后站成一横排，请一个幼儿当老狼，站在横线前。第二，游戏开始时幼儿与扮老狼的人一起往前走，并齐声问："老狼老狼几点了？"老狼回答说："1点了。"然后又问："老狼老狼几点了？"老狼回答说："2点了。"第三，这样继续下去，直到老狼答"天黑了"或者"12点了"时，幼儿就转身向横线跑，老狼转身追捕，但不能超过横线，在横线前被拍到的为被抓到者。第四，几次游戏之后教师可以另选一人当老狼，游戏重新开始。活动进行中一名男童在跑时由于担心后面"老狼"追来，而没有看到前面的女童，结果发生踩踏事故，致女童摔倒在地。

【案例分析】

造成这起伤害事故的原因是，幼儿的反应能力、躲闪能力不足，身体协调性欠缺。

【安全措施】

让幼儿练习快跑 20 米，走跑交替（或慢跑）200 米，使其能在一定范围内四散追逐增强躲闪能力。在活动开始前对幼儿要进行充分的安全教育工作，增强安全意识。教师还要及时关注到较活泼幼儿及安全意识较弱的幼儿。

3. 大班幼儿摔伤案例

协同合作，注意方式

【案例陈述】

一次体育课结束后，教师让幼儿把器械送回到器械室。由于器械袋较大，需要同伴合力，运送途中某幼儿不小心摔倒，造成左手肿痛，但当时幼儿没有告知教师，直到下午疼痛难忍才告知教师，随即送往医院治疗。

【案例分析】

造成这起伤害事故的原因是，器械袋太大，搬运不便，教师的安全提示也不及时。

【安全措施】

教师在活动结束后应适当引导幼儿以协同合作的方法来增强协作能力，同时加强教师的安全指导。

四、骨折案例及分析

骨折是指骨结构的连续性完全或部分断裂。[①]

1. 小班幼儿骨折案例

独木桥上练平衡，骨折造伤害

【案例陈述】

丰收的季节到来了，教师带领幼儿一起来帮助小羊"驮粮食"，幼儿来到独木

---

① 毛振明、于素梅主编：《体育教学安全防护教程与案例》，137 页，北京，北京师范大学出版社，2009。

桥上需要脚跟对脚尖并张开双臂保持平衡。有的幼儿失足，向一侧滑倒，身体压在了胳膊上导致骨折，造成伤害。

【案例分析】

造成这起伤害事故的原因是，幼儿对平衡感掌握不好，教师保护不及时。

【安全措施】

在活动中教师应该在旁指导并能及时保护幼儿，提醒幼儿注意安全，由易到难，循序渐进。

2.中班幼儿骨折案例

攀岩活动，摔倒骨折

【案例陈述】

某幼儿园教师带幼儿到户外去攀登网上攀岩，同时也给幼儿设定了攀岩高度。一名男童认为没有挑战性而向更高处攀爬，在下网时脚下踩空而摔倒在地，导致手臂骨折。

【案例分析】

造成这起伤害事故的原因是，幼儿自护能力不足，双手抓握不牢，控制力量和手脚配合度不够，同时教师保护不及时。

【安全措施】

在户外活动时，教师要时刻关注幼儿的动向，让幼儿在自己能够达到的水平下进行活动。如果幼儿不遵守教师的规则，可适当禁止其行动。教师也要及时做好保护。

3.大班幼儿骨折案例

单杠悬垂，摔倒骨折

【案例陈述】

某幼儿园大班幼儿在活动开始前已做过尝试在单杠上做悬垂动作。休息几分钟后幼儿再次上单杠练习时，因体力不足又未告知教师而摔倒在地。教师急忙上前查看并送去医院，经诊断幼儿左臂小臂骨折。

【案例分析】

造成这起伤害事故的原因是，幼儿在没有教师保护以及体力不足的情况下做练习，导致臂力不足摔伤骨折。

【安全措施】

幼儿在做悬垂动作时一定要保证体力充足，教师对体弱多病有特殊情况的幼儿要有特殊照顾。

五、擦伤案例及分析

擦伤是钝性致伤物与皮肤表皮层摩擦而造成的以表皮剥脱为主要改变的损伤，又称表皮剥脱，是开放伤中最轻的一类创伤。[①]

1.小班幼儿擦伤案例

抛接沙包，擦伤手肘

【案例陈述】

某幼儿园在沙包游戏中，教师将幼儿每两人分成一组抛接沙包来锻炼幼儿手部控制力，但是幼儿在接沙包过程中眼睛注视沙包来的方向而未注意脚下，导致摔倒在地，手肘因而擦伤。

【案例分析】

造成这起伤害事故的原因是，幼儿因接沙包只能顾及手眼而来不及看脚下。

【安全措施】

通过抛接沙包来锻炼幼儿手腕灵活度及手眼协调能力；为了防止受伤，可戴手肘等保护关节的护具等。

2.中班幼儿擦伤案例

捉害虫，绊倒擦伤

【案例陈述】

某幼儿园教师组织"小青蛙捉害虫"的游戏活动。农民伯伯的庄稼里有特别多的害虫，小青蛙捉不完就请幼儿一起来帮忙。幼儿要先跳过池塘，到对面的庄稼地里才可以捉到害虫（教师边讲解边示范），"小青蛙们"一个接一个地向前跳，一名女童在跳跃几片荷叶时由于体力有限，跳到最后时因忙于"捉害虫"而未顾忌到脚下，导致绊倒擦伤手掌。

【案例分析】

造成这起伤害事故的原因是，幼儿的跳跃技巧掌握得不是很熟练，身体重心不太稳定，同时体能不足，导致疲劳。

第四章·婴幼儿运动伤害

---

① 毛振明、于素梅主编：《体育教学安全防护教程与案例》，123页，北京，北京师范大学出版社，2009。

【安全措施】

活动前要提醒幼儿注意安全；活动中把握幼儿运动负荷，注意观察，做好保护。

3.大班幼儿擦伤案例

足球比赛，绊倒擦伤

【案例陈述】

某幼儿园一次户外活动中，教师组织一场"足球比赛"，分为了红队和蓝队。在蓝队守门时，因球偏向场地边缘，红队的一名幼儿急忙跑去拦截，在带球过程中球略微偏移而滚至双腿之间，被绊倒致右手擦伤。

【案例分析】

造成这起伤害事故的原因是，幼儿带球时因重心不稳而摔倒导致擦伤。

【安全措施】

训练幼儿掌握运球、传接球动作。活动时尽量把球控制在活动区域内，并培养幼儿随机应变、处事不慌的能力。

> **想一想**
>
> 小班、中班、大班常见的损伤案例通常在什么情境下发生？思考怎么避免上述案例的发生。

小 结

本章阐述了婴幼儿运动伤害的概念、特点、分类及直接原因，并选取幼儿园常见的运动伤害案例，分为小班、中班、大班不同年龄段进行案例分析，同时给出了一些减少运动伤害的建议。

关键术语

运动伤害　　挫伤　　磕伤　　摔伤　　骨折　　擦伤

思考与练习

一、简单题

1.常见的婴幼儿运动伤害有哪些？

2.如何预防和减少婴幼儿运动伤害的发生？

二、实践与练习

分小组设计情境游戏，真实演练运动伤害的危害，以此来预防和避免运动伤害的发生。

拓展阅读

赵斌、张钧：《体育保健学》（第六版），北京，高等教育出版社，2018。该书反映了国内外体育保健学研究发展的主要内容，对体育运动与健康、体育运动的卫生要求、体育运动的医务监督、运动与合理膳食、运动性病症、常见运动伤害、运动按摩等内容进行了详细的介绍，对于深入了解运动安全方面的知识非常有帮助。

第五章
婴幼儿常见运动伤害的处理与急救

学习目标

1. 理解运动伤害处理的原则。
2. 掌握运动伤害的判断与处理方法。

思维导图

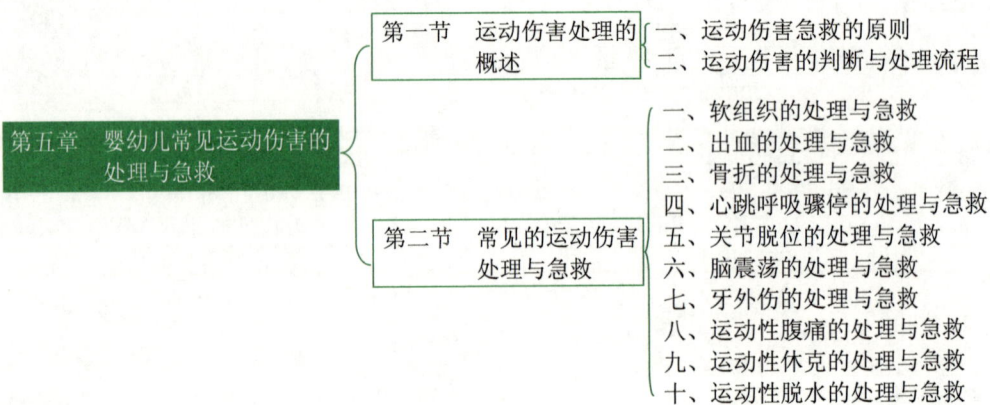

第五章 婴幼儿常见运动伤害的处理与急救

第一节 运动伤害处理的概述
一、运动伤害急救的原则
二、运动伤害的判断与处理流程

第二节 常见的运动伤害处理与急救
一、软组织的处理与急救
二、出血的处理与急救
三、骨折的处理与急救
四、心跳呼吸骤停的处理与急救
五、关节脱位的处理与急救
六、脑震荡的处理与急救
七、牙外伤的处理与急救
八、运动性腹痛的处理与急救
九、运动性休克的处理与急救
十、运动性脱水的处理与急救

导　入

在户外活动时，幼儿依次进行助跑跨跳活动。只见圆圆小朋友摔倒了，教师过去询问、查看，圆圆说："没事，没事。"教师听到圆圆这么说，就组织大家继续活动。教师发现圆圆在活动中动作没有那么自然，走路很别扭。于是教师把圆圆带到保健室进一步观察，发现圆圆的右脚肿了起来。在保健室做了简单处理后，圆圆被送去医院就诊。

婴幼儿身体的各个器官、系统处于不断发育的过程，机能不够完善，易受损伤、易感染疾病。遇到婴幼儿受伤情况教师往往害怕、不知所措。如果教师正确理解并掌握了运动损伤的判断与处理方法就能够减少婴幼儿的痛苦，并能及时给予救治，避免更大的伤害。

第一节 运动伤害处理的概述

一、运动伤害急救的原则

急救是对意外或突然发生的伤病事故进行紧急的临时性处理。其目的是保护伤病者的生命安全，避免再度伤害，减轻伤病者痛苦，预防并发症，并为伤病者的转运和进一步治疗创造条件。因此，无论何种急性损伤，做好现场急救都是十分重要的。

急救时必须抓住主要矛盾，救命在先，做好休克的防治。骨折、关节脱位、严重软组织损伤或其他器官损伤时，伤者常因出血、疼痛而发生休克。在现场急救时，首先要注意预防休克，若发生休克，必须优先抢救休克。其次，急救必须分秒必争，力求迅速、准确、有效，做到快救、快送医院处理。

为了更好地完成这一任务，还必须遵守以下六条原则。

1. 先复后固的原则：是指遇有心跳呼吸骤停又有骨折者，应首先用口对口呼吸和胸外按压等技术使心肺复苏，直到心跳呼吸恢复后，再进行固定骨折的原则。

2. 先止后包的原则：是指遇到大出血又有伤口者，首先立即用指压、止血带或药物等方法止血，接着再消毒伤口进行包扎的原则。

3. 先重后轻的原则：是指遇到垂危的和较轻的伤者时，优先抢救危重者，后抢救较轻的伤者的原则。

4. 先救后送的原则：过去遇到伤者，多数是先送后救，这样常贻误了抢救时机，致使不应死亡者丧失了性命。应颠倒过来，先救后送。在送伤者到医院途中，不要停顿抢救措施，应继续观察伤病变化，少颠簸，注意保暖，平安到达目的地。

5. 急救与呼救并重的原则：在遇到成批伤者时，又有多人在场的情况下，应较快地争取到急救外援。

6. 搬运与医护的一致原则：在许多情况下，协调配合不好，途中应该继续抢救却没有得到保障，加之车辆严重颠簸等情况，结果增加了伤者不应有的痛苦和死亡。医护和抢救应在任务要求一致、协调一致、完成任务一致的情况下进行，在运送危重伤者时，就能减少痛苦，减少死亡，安全到达目的地。

二、运动伤害的判断与处理流程

运动伤害事件出现后正确的判断和处理流程对救护的效果起着决定性作用。幼教机构和家长应熟悉正确的处理流程，为应对紧急情况做好准备。幼教机构应提前制订运动伤害事件紧急处理程序预案。预案里应包括不同运动伤害事件的类型、疏散、急救常识和处理流程等。在出现运动伤害事件后可以按照以下流程处理。

第一步：患儿制动，停止运动，评估环境，确保安全。观察现场环境是否存在危险，对异常情况做出初步的快速判断，确保施救过程中的安全。施救过程中要保持冷静，安抚患儿情绪，帮助他们消除恐惧；同时不指责、责怪伤害者，避免其心理负担。

第二步：检查病情，初步处理。迅速判断患儿的意识、呼吸、脉搏、知觉、瞳孔反应等，时刻注意患儿的反应和需求。程度轻的，先做简单处理；若出现丧失意识、停止呼吸或濒死呼吸、脉搏消失时，应立即采取心肺复苏。

第三步：紧急呼救，寻求帮助。对现场病情初步检查后，如果情况严重应立即拨打急救电话呼救，或招呼周围人帮忙拨打医疗急救电话，要清晰地提供所有重要信息。同时可寻求周围人帮助，参与急救措施，维持现场秩序，疏散围观人群，保护患儿隐私。

第四步：进一步检查和处置。在救护车到达前，可就地取材，或尽其所能实施救治。对无意识但有呼吸的患儿可置于复原卧位（侧卧位），对伤口进行止血等措施。

第五步：如运动伤害事件发生在幼教机构，应及时通报家长，与家长及时沟通，及时做好家长的安抚工作。诚恳、客观、坦诚、详细地说明事件过程，以获取家长的理解，同时换位思考，体谅家长的心情感受，及时调整与家长的沟通策略。

第六步：及时形成书面报告，事故报告。幼教机构要认真、全面分析事件发生原因，分清责任，从中获取经验和教训，从而反思安全管理漏洞，加强安全管理，避免此类事件的再次发生。

📋 小贴士

　　根据婴幼儿身体发展年龄特点，设计趣味性活动，合理安排训练内容和时长，提高婴幼儿的专注程度，充分做好热身和整理活动。

　　运动太多和太少，同样损伤体力；饮食过多与过少，同样损害健康；唯有适度才可以增强体力和保持健康。

　　自我保护意识是预防受伤的重要保证。要引导幼儿充分了解损伤带来的后果，使其在进行体育活动和日常生活时集中注意力以正确完成运动，必要时佩戴适当的护具以预防骨折等损伤的发生。思想上的高度重视，可以有效减少运动伤害的发生。

第二节 常见的运动伤害类型的处理与急救

一、软组织的处理与急救

（一）闭合性软组织损伤

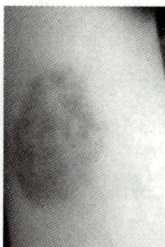

图 5-1 钝挫伤

局部皮肤或黏膜完好，无裂口与外界相通，损伤时的出血积聚在组织内，称为闭合性软组织损伤。常见的闭合性软组织包括：肌肉、肌腱、筋膜、韧带和关节囊的拉伤、扭伤、钝挫伤。婴幼儿运动损伤中，膝关节、踝关节损伤最为常见，由于膝、踝关节结构复杂，损伤后患儿一般会出现疼痛、肿胀、损伤部位活动受限，甚至损伤部位出现畸形等症状，给患儿身体造成很大的伤害（见图 5-1、图 5-2）。

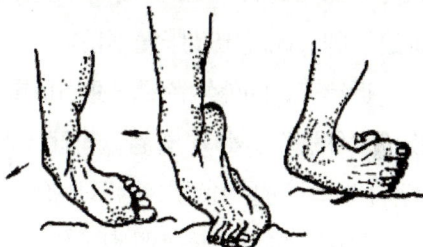

图 5-2 踝关节扭伤

知识链接

急性运动伤害遵循 PRICE 原则（见图 5-3）

1.保护（Protection）：停止运动，避免受伤的肢体再次受伤。

2.休息（Rest）：受伤部位休息 24～48 小时不要活动。

3.冰敷（Ice）：冷敷，受伤区域可用冰块或冰袋，皮肤与冰块之间可隔一毛巾，每次敷 15 分钟以免冻伤，或用毛巾浸湿冷水，稍挤出过多的水，折叠成块状敷于伤处 20～30 分钟，每天 6～8 次。若有专用冷冻镇痛喷雾剂也可直接喷于伤处，形成一薄层液体即可。48 小时内以冰敷为主，不做热敷和揉捏治疗。

4.压迫（Compression）：可用布带、布条、毛巾或绷带稍用力加压包扎受伤处，不要太紧，以免导致神经受压和血液回流障碍。

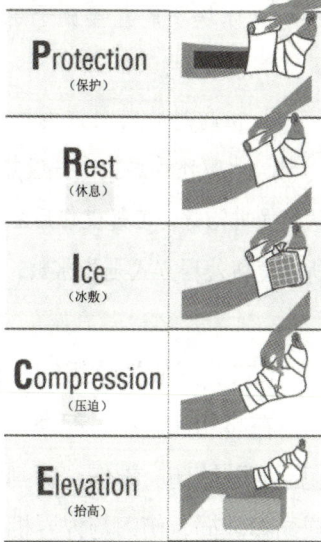

图 5-3 PRICE 原则

5.抬高（Elevation）：无论是坐着还是躺着，都应将受伤区域置于枕上抬高，增加伤处的血液回流减轻肿胀，一般需要受伤肢体高于心脏平面。

157

第五章 · 婴幼儿常见运动伤害的处理与急救

受伤后应首先让婴幼儿停止活动，安静休息，减轻痛苦，并防止损伤继续加重。冰敷使血管收缩，减少伤处的血液渗出及疼痛，伤后能否立即使用冰敷将直接影响后期功能恢复的快慢。冰袋置于受伤部位，受伤后 48 小时内，每隔 2～3 小时冰敷15～20 分钟。在冰敷的同时，可以用弹力绷带或其他胶带等包扎固定冰袋。这样，冰敷和加压包扎两个目的同时达到，非常实用。建议从伤处远端开始往近心端包，大约以一半做叠瓦重叠，稍微加压，伤处则较松些。露出脚趾或手指以观察颜色，如皮肤变色、麻木、刺痛等症状出现，表示包太紧，应及时解开弹性绷带重包，用弹性绷带包扎24～48 小时，中间可解开适当放松。把患肢放置于稍高于心脏的位置，且尽可能在伤后一周内，都抬高患肢。这个简单的措施可以有效地改善静脉回流以促进消肿、减轻患肢胀痛不适。

近年来，国外学者提出适当负重（Optimal Loading）概念，即让肌肉不能因为受伤而"休息"，48 小时后，可让患肢适当着地负重，开始早期活动，而不是一味躺着休息。早期适当负重，尽早开始活动，可使患儿尽快恢复功能，尽早回归正常生活。

挫伤、瘀青、轻度肌肉拉伤、韧带扭伤，经由上面几种方式处理，以及适当的方法治疗，都能够在短时间内恢复健康。严重的肌肉拉伤（断裂）、韧带扭伤（断裂）、骨折，则必须由专科医师手术治疗。

知识链接

1.冰块不能直接放于患儿损伤部位，可用毛巾包裹冰块再处理；没有冰块时可用冷毛巾代替。

2.抬高患肢前要注意检查是否骨折等。

3.冰敷还是热敷？一般热敷可以刺激血液流动，放松肌肉，总体上能产生镇静的作用，从而促进治疗。但是受伤后立刻热敷会使肿胀更严重、增强疼痛感、延缓伤口愈合过程。所以受伤处理方式是先冰敷，48 小时后肿胀和疼痛感减轻后，再使用热敷的方法。

（二）开放性软组织损伤

在婴幼儿运动过程中，常见的开放性软组织损伤包括皮肤擦伤、裂伤、切割伤、刺伤。通常局部皮肤或黏膜破损，伤口与外界相通，常有组织液渗出或血液从创口流出，称为开放性软组织损伤。这些损伤的共同特点就是有伤口和出血。其中擦伤是身体表面与粗糙物相互摩擦造成的皮肤组织损伤（见图5-4）。

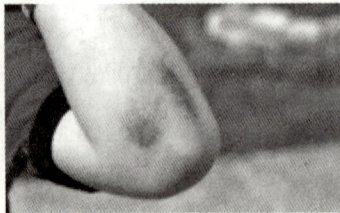
图 5-4 擦伤

一般的表皮擦伤后，可涂碘伏消毒，避免使用龙胆紫和红汞，以免色素沉积。若伤口有泥沙，用双氧水或清水冲洗，而后涂抹碘伏或酒精，注意面部不用碘伏涂抹，酒精涂抹时会产生疼痛刺激。

稍大或稍深的伤口，包扎前伤口可先用碘伏或酒精沿伤口边缘由内向外涂擦，要避免消毒液滴入伤口内。若伤口内可见异物如钉子、玻璃碎片则要慎重处理，大而表浅的容易取出的异物可以取出，小而深且不易取出的则不硬性取出，以免造成大血管及神经损伤，增加出血或增加伤口再感染的机会，应立刻送医院治疗。对于造成皮肤及软组织出血的，正确包扎可使伤口流血减少，感染机会减少，疼痛减轻。包扎时动作要轻柔敏捷、部位准确，包扎松紧适当。

知识链接

医用酒精浓度为75%，主要用于消毒、杀菌。轻度擦伤时应进行伤口表面消毒，并注意保持伤口卫生，严重时应结合抗菌药物，甚至注射破伤风抗毒素。

二、出血的处理与急救

婴幼儿在生活中和运动时，经常会出现出血的情况，小到划破、擦伤，大到撞伤、刀伤，如果不及时加以处理，很有可能会引起更严重的后果。由于运动外伤引起的大出血，如不及时予以止血与包扎，会严重地威胁婴幼儿的健康，乃至生命安全。

外伤出血可分为毛细血管出血、静脉出血和动脉出血（见图5-5）。

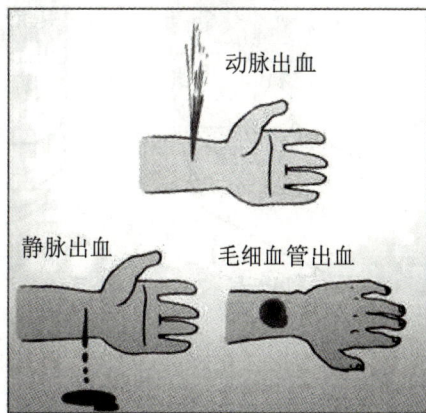

图5-5 外伤出血分类示意图

毛细血管出血：出血时，血液呈水珠样流出，多能自动凝固止血。通常用碘伏或酒精消毒伤口周围皮肤后，以消毒纱布和棉垫盖在伤口上缠以绷带，即可止血。

静脉出血：出血时缓缓不断地外流，呈紫红色。如大静脉出血，往往受呼吸运动的影响，吸气时流出较缓，呼气时流出较快。如不是大静脉出血，止血方法与毛细血管类似，消毒后，用消毒纱布和棉垫覆盖，稍加压力缠敷绷带。

动脉出血：由于动脉血管内压力较高，所以出血时呈泉涌、搏动性，尤其是大的动脉血管破裂，血液呈喷射状，颜色鲜红，常在短时内造成大量失血，易引起生命危险。

（一）止血方法

1.指压止血法

在伤口的上方，即近心端，找到跳动的血管，用手指紧紧压住。在不能使用止血带的部位，在身边没有器材或紧急情况下，可暂用指压止血法。此法为紧急的临时止血法，与此同时，应准备材料换用其他止血方法。采用此法，救护人必须熟悉各部位血管出血的压迫点。

各压迫点如下：

（1）面部出血：用拇指压迫下颌角与颏结节之间的面动脉，用于腮部及颜面部出血（见图 5-6）。

（2）头顶及头前部出血：压迫耳前下颌关节上方的颞浅动脉（太阳穴附近）（见图 5-7）。

（3）头后部出血：压住耳后突起下面稍外侧的耳后动脉（见图 5-8）。

图 5-6　面动脉止血　　　图 5-7　颞浅动脉止血　　　图 5-8　耳后动脉止血

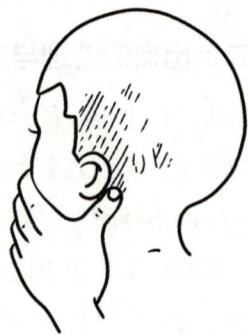

（4）腋窝和肩部出血：在锁骨上凹，胸锁乳突肌外缘向下内后方，对准第一肋骨，压住锁骨下动脉（见图 5-9）。

（5）前臂出血：将上肢外展外旋，屈肘抬高上肢，在上臂肱二头肌内侧沟处，施以压力，将肱动脉压于肱骨上（测血压的地方）（见图 5-10）。

（6）手掌和手背出血：在腕关节内，腕横纹上方，按到跳动的尺桡动脉血管压住，即我们通常摸脉搏的地方（见图 5-11）。

（7）手指出血：用健侧的手指，使劲捏住伤手的手指根部，即可止血（见图 5-12）。

（8）大腿出血：屈曲大腿，使肌肉放松，用大拇指压住股动脉搏动点（大腿根部的腹股沟中点），用力向后压，为增强压力，另一手的拇指可重叠压力（见图 5-13）。

（9）足部出血：用两手食指或拇指分别压迫足背中间近脚腕处（足背动脉）和足跟内侧与内踝之间（胫后动脉）止血（见图5-14）。

图 5-9　锁骨下动脉止血　　　图 5-10　肱动脉止血　　　图 5-11　尺桡动脉止血

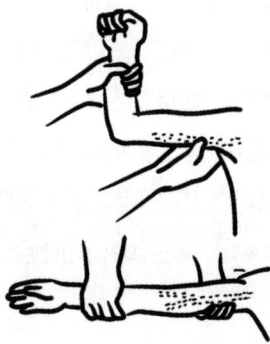

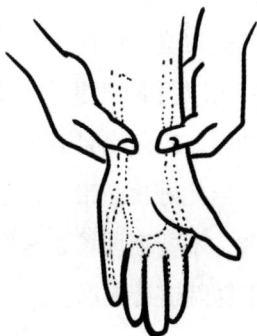

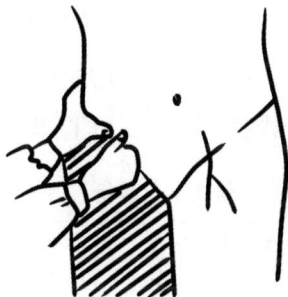

图 5-12　手指止血　　　图 5-13　股动脉止血　　　图 5-14　足部止血

2. 加压包扎止血法

用消毒的纱布、棉花做成软垫放在伤口上，再用力加以包扎，以增大压力达到止血的目的。此法应用普遍，效果也佳。

3. 直接压迫止血法

主要用于小动脉、静脉、毛细血管的出血。将伤口用无菌纱布、清洁的毛巾、衣物或手帕覆盖后，用手指或手掌直接用力压迫5～10分钟，出血往往可以停止，然后再选用加压包扎止血法。

4. 填塞止血法

用于腹股沟、腋窝、鼻腔出血或一些大而深的伤口。应先用无菌纱布或洁净的布料填塞伤口，再选用加压包扎止血法。

5. 止血带止血法

此法是用于四肢大动脉破裂大出血时的重要救命方法，当其他止血方法不能止血时可用此方法。使用止血带时，应先用三角巾、毛巾等平整地垫在伤口处，再结扎止血带。结扎止血带的部位应在伤口近端，上肢结扎在上臂的上 1/3 段，不要结扎在中 1/3 段（以防损伤桡神经），下肢结扎在大腿中段。止血带以橡皮带、布带为宜，禁用无弹性的铁丝、电线、绳子等，止血带的松紧以停止出血或远端动脉搏动消失为度。结扎止血带的时间不宜超过 3 小时，应每隔 40～50 分钟松解 5～10分钟，以暂时恢复远端肢体的供血。如此时仍有出血，应用指压止血法。松解两三分钟后，应在比原结扎部位稍低的位置重新结扎止血带。

结扎好止血带后，应做好标记，并注明结扎止血带的时间。当伤口内有异物存在时，不要在现场处理伤口内异物，应在包扎止血后，迅速送患儿到就近的、有条件的医院进行救治。

三、骨折的处理与急救

婴幼儿活泼好动，运动过程中，难免出现躲避不及时或意外撞伤摔倒等情况，造成骨折。骨折分为闭合性骨折、开放性骨折和复杂性骨折，主要由直接暴力、间接暴力造成。病理征象有疼痛、肿胀及皮下淤血、功能丧失、畸形、压痛和震痛、假关节活动，经 X 线检查可见有骨折线等（见表 5-1、图 5-15、图 5-16）。

表 5-1　婴幼儿常见骨折

婴幼儿运动中的骨折类型	发生部位	诊断方法
颅骨骨折	颅骨骨折是指头部骨骼中的一块或多块发生部分或完全断裂的疾病，多由于钝性冲击引起	·头部有伤口或肿胀 ·创伤的头皮发软 ·失去知觉 ·反应减慢 ·从鼻腔或耳内流出清晰的液体 ·眼球结膜出血 ·头部或面部变形
鼻骨骨折	鼻是面部最突出的部位，骨质薄而宽，且缺乏周围骨质的支撑，比较脆弱，易受外力所伤。鼻骨骨折可影响面部的外形及鼻腔的通气功能。鼻骨骨折可单独发生，严重者可合并鼻中隔骨折，软骨脱位，上颌骨额突，鼻窦、眶壁、颅底等的外伤，导致相应部位结构及功能的异常	·鼻腔出血 ·轻触鼻翼有刺痛感 ·鼻头肿胀

婴幼儿运动中的骨折类型	发生部位	诊断方法
下颌骨骨折	下颌骨呈马蹄形，由弯曲的下颌体和双侧的下颌升支构成，下颌骨正中联合、颏孔区、下颌角和髁颈部是下颌骨的结构薄弱区，是骨折的易发部位，骨折会导致咬合错乱、咀嚼功能障碍	·下颌触痛，肿胀，瘀血 ·牙齿错位，排列不整齐
肢体骨折	骨折发生在四肢和脊柱	·皮下瘀血 ·肌肉痉挛，一般疼痛比较剧烈 ·多不能站立、行走或活动，骨折部位畸形 ·异常活动和伴有骨擦声，有压痛和震痛感

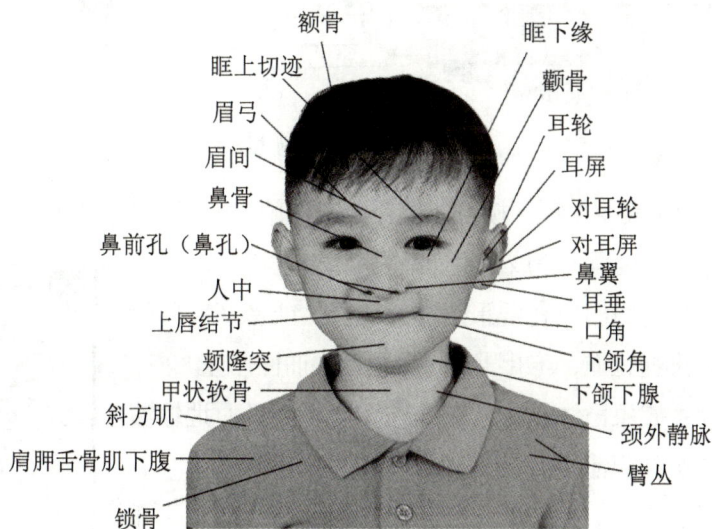

图 5-15　头面部位置图

（一）处置流程

开放性骨折后需要立即用干净的衣物临时给予包扎，防止软组织、血管和神经进一步损伤，骨折外露的患儿要在保证生命体征稳定的前提下进行处理，止血要采用局部压迫止血。同时给予补充液体，保证生命体征的平稳，纠正休克及低血容量。可采用木板、木条、树枝等物体进行固定，防止骨折进一步移位，损伤局部的血管和神经，具体处置流程如下。

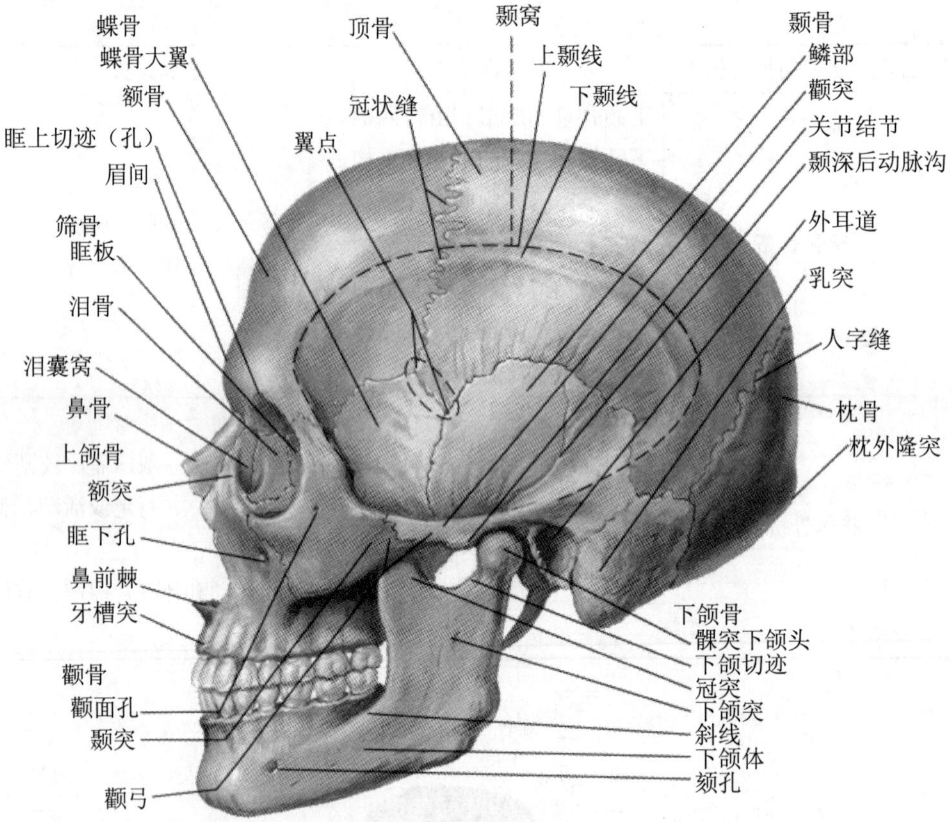
蝶骨
蝶骨大翼
额骨
眶上切迹（孔）
眉间
筛骨
眶板
泪骨
泪囊窝
鼻骨
上颌骨
额突
眶下孔
鼻前棘
牙槽突
颧骨
颧面孔
颞突
颧弓
顶骨
冠状缝
翼点
颞窝
上颞线
下颞线
颞骨
鳞部
颧突
关节结节
颞深后动脉沟
外耳道
乳突
人字缝
枕骨
枕外隆突
下颌骨
髁突下颌头
下颌切迹
冠突
下颌突
斜线
下颌体
颏孔

图 5-16　头面部骨骼

1.固定：把患肢用木板、树枝、枪托或者使用夹板石膏进行简单的外固定，防止骨折断端在搬运过程中造成血管神经内脏新的损伤。

2.止血：有伤口出血者要采用加压包扎，或者在肢体的近端用橡皮筋绑扎止血，防止出血过多引起失血性休克。

3.抗休克：如果已经发生了失血性休克，要及时地输液补充血容量，抗休克治疗。

4.平托搬运：脊柱骨折搬运患儿的过程中要采用三人平托搬运，防止脊髓损伤造成截瘫。

5.安全护送至医院，尽快就医。

视频 5-2-2
婴幼儿骨折处理
流程视频

（二）固定方法

医院外急救骨折固定时，常常就地取材，如各种2～3厘米厚的木板、竹竿、竹片、树枝、木棍、硬纸板、枪托，以及患儿健（下）肢等，均可作为固定代用品。

1.颈椎骨折固定：使患儿的头颈与躯干保持直线位置，将木板放置于头至臀下，用棉布、衣物等，将患儿颈、头两侧垫好，防止左右摆动；然后用绷带或布带将额部、

肩和上胸、臀部固定于木板上，使之稳固（见图 5-17）。

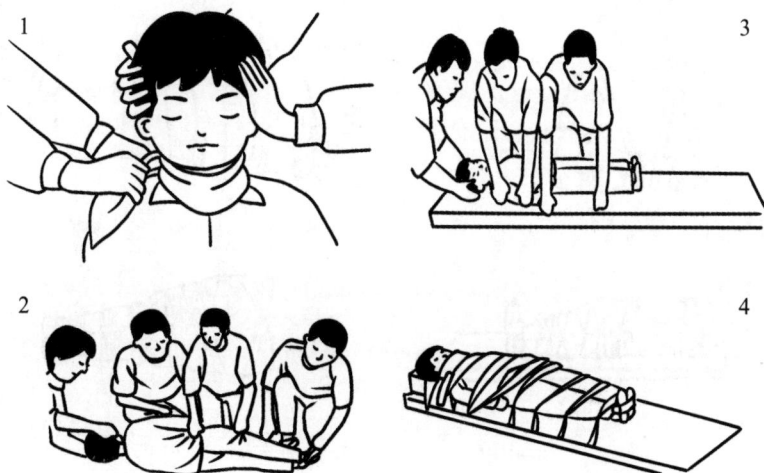

图 5-17　颈椎骨折固定

2.锁骨骨折固定：用绷带在肩背做 "8" 字形固定，并用三角巾或宽布条系于颈部吊托前臂（见图 5-18）。

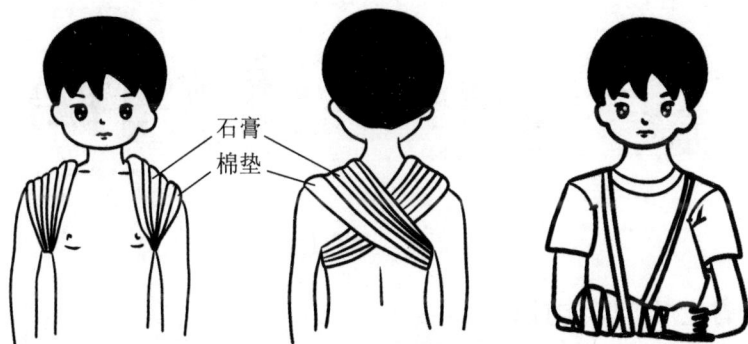

图 5-18　锁骨骨折固定

3.肱骨骨折固定：用代用夹板 2 ~ 3 块固定患肢，并用三角巾、布条将其悬吊于颈部（见图 5-19）。

4.前臂骨折固定：选用两块木板，长度要超过肘关节，分别置于前臂的掌、背两侧，然后用布带或三角巾捆绑托起（见图 5-20）。

5.股骨骨折固定：选用长木板两块，将大腿小腿连同腰部齐平，一起固定。置于大腿前后长达腰部，并将踝关节一起固定，以防这两部位活动引起骨折错位（见图 5-21、图 5-22）。

图 5-19　肱骨骨折固定

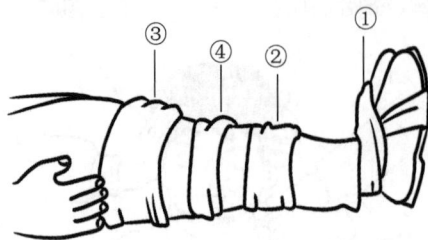

图 5-20　前臂骨骨折固定　　　　　图 5-21　股骨骨折固定顺序

（1）　　　　　　　　　　　　　　（2）

图 5-22　股骨骨折固定

6.小腿骨折固定：用两块木板加垫后，放在小腿的内侧和外侧，关节处垫置软物，用五条三角巾或布带分段扎牢固定。首先固定小腿骨折的上下两端，然后，固定大腿中部、膝关节、踝关节并使小腿与脚掌呈垂直，用"8"字形固定。小腿骨折中固定腓骨骨折，在没有固定材料的情况下，可将患肢固定在健肢上（见图5-23）。

（1）　　　　　　　　　　　　　　（2）

图 5-23　小腿骨折固定

（三）脊柱损伤搬运方法

只要怀疑有脊柱损伤就应按脊柱损伤情况处理，将脊柱不稳定的患儿仰卧固定在一块坚硬长背板上并将其放置在中心直线位置，即头部、颈部、躯干、骨盆应以中心直线位置逐一固定，保持脊柱伸直位，严禁弯曲或扭转。

1.现场评估：观察周围环境安全后，急救员正面走向患儿表明身份；告知患儿不要做任何动作，初步判断伤情，简要说明急救目的；先稳定自己再固定患儿，避免加重脊柱损伤。

2.体位：仰卧位，头部、颈部、躯干、骨盆应保持直线，脊柱不能屈曲或扭转。

3.操作方法：用脊柱板、担架等。三人至患儿同侧跪下插手，将双手臂置于患儿身下的颈肩、腰臀、下肢水平；同时抬高，换单腿，起立，搬运，换单腿，下跪，换双腿；同时施以平托法将患儿放于硬质担架上，禁用搂抱或一人抬头、一人抬足的搬运方法。在伤处垫一薄枕，使此处脊柱稍向上突，然后用四条带子把患儿固定在木板或硬质担架上（一般用带子固定胸与肱骨水平、前臂与腰水平、大腿水平、小腿水平，将患儿绑在硬质担架上），使患儿不能左右转动。如果伴有颈椎损伤，患儿的搬运除上述三人外，另一个辅助检查的人应站在患儿头部，用手托扶住患儿头颈部，先用颈托固定颈部，如无颈托用"头锁或肩锁"手法固定头颈部，其余人协调一致用力将患儿平直地抬到担架上或木板上，然后头部的左右两侧用软枕或衣服等物固定（见图5-24）。

视频5-2-3 婴幼儿脊柱损伤搬运方法视频

4. 监测与转运：检查固定带，观察患儿生命体征，选择合适转运工具，保证患儿安全。

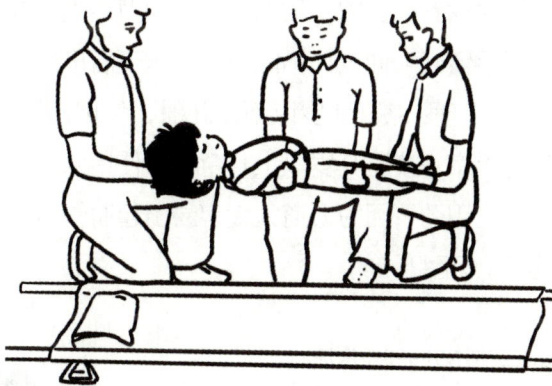

图5-24 脊柱损伤搬运

知识链接

由于外力的作用，破坏了骨的完整性和连接性，造成的损伤叫"骨折"，可分为闭合性骨折、开放性骨折、复杂性骨折，骨折主要由直接暴力、间接暴力造成。

皮肤不破，没有伤口，断骨不与外界相通，称为闭合性骨折；骨头的尖端穿过皮肤，有伤口与外界相通，称为开放性骨折。

四、心跳呼吸骤停的处理与急救

心脏骤停一旦发生，如得不到即刻及时地抢救复苏，4～6分钟后会造成患儿脑和其他人体重要器官组织的不可逆的损害，因此心脏骤停后的心肺复苏必须在现场立即进行。心脏复苏通俗地讲就是当患儿停止呼吸和心停时，用人工呼吸和闭胸按压进行抢救的一种技术。人在心脏病、溺水、车祸、药物中毒、高血压、触电、异物堵塞时都可能会心脏骤停，呼吸停止，均可用心肺复苏术来抢救。其处置流程

167

第五章

婴幼儿常见运动伤害的处理与急救

如下。

（一）处置流程

1.评估和现场安全。急救者在确认现场安全的情况下，使患儿处于去枕仰卧位，放在质地较硬的平台、地面或床上。轻拍患儿的肩膀，并大声呼喊"小朋友，你还好吗？"，判断患儿神智是否清醒，有无自主呼吸，检查有无颈动脉搏动。判断有无脉搏时触摸颈动脉不能用力过大，以免颈动脉受压妨碍头部供血，检查时间不可超过 10 秒。如果没有呼吸或者没有正常呼吸（即只有喘息），立刻启动应急反应系统，开始闭胸心脏按压。

2.闭胸心脏按压。如果患儿已经没有脉搏，则需进行闭胸心脏按压。施救者先要找到按压的部位。患儿两乳头连线中点。施救者以一手叠放于另一手手背，十指交叉，将掌根部置于刚才找到的位置，依靠上半身的力量垂直向下压，胸骨的下陷距离为 4～5 厘米，双手臂必须伸直，不能弯曲，压下后迅速抬起，频率控制在每分钟 80～100 次。注意事项：按压 1 岁以下婴儿时，使用两根手指；按压 1—8 岁幼儿时，使用一只手的手掌；按压 8 岁以上儿童时，使用两只手的手掌。按压过程必须控制力道，不可太过用劲，因为力道太大容易引起肋骨骨折，从而造成肋骨刺破心肺肝脾等重要脏器（见图 5-25）。

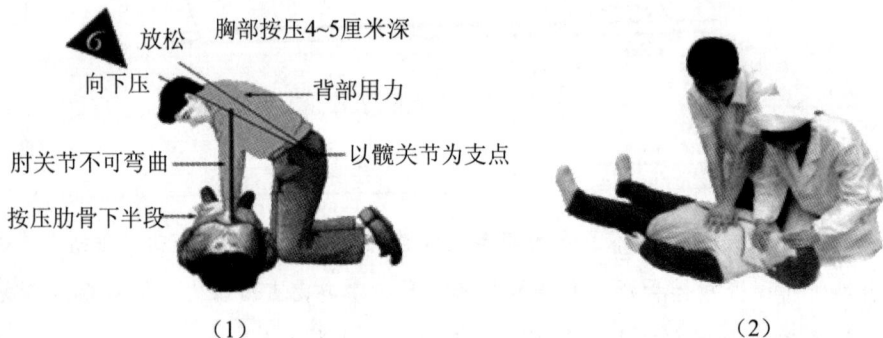

（1）　　　　　　　　　　　　（2）

图 5-25　闭胸心脏按压

3.开放气道。将患儿置于平躺的仰卧位，昏迷的人常常会因舌后坠而造成气道堵塞，这时施救人员要跪在患儿身体的一侧，一手按住其额头向下压，另一手托起其下巴向上抬，标准是下颌与耳垂的连线垂直于地平线，这样就说明气道已经被打开。在开放气道的同时应注意清理患儿口中异物或呕吐物。开放气道用仰头举颌法时，注意手指不要压迫患儿颈前部、颌下软组织，也不要使颈过度伸长（见图 5-26）。

4.人工呼吸。如患儿无呼吸，立即进行口对口人工呼吸两次，然后摸颈动脉，如果能感觉到搏动，那么仅做人工呼吸即可。方法：最好能找一块干净的纱布或手巾，盖在患儿的口部，防止细菌感染。施救者一手捏住患儿鼻子，大口吸气，屏住气，迅速俯身，用嘴包住患儿的嘴，快速将气体吹入。与此同时，施救者的眼睛需观察患儿的胸廓是否因气体的灌入而扩张，气吹完后，松开捏着鼻子的手，让气体呼出，这样就完成了一次呼吸过程。对婴儿及幼儿复苏，可将其头部稍后仰，把口唇封住患儿的嘴和鼻子，轻微吹气入患儿肺部。单人心脏按压与人工呼吸比例为 30 ∶ 2。进行口对口人工呼吸时，每次吹气量不要过大，否则易造成胃内大量充气（见图 5-27）。

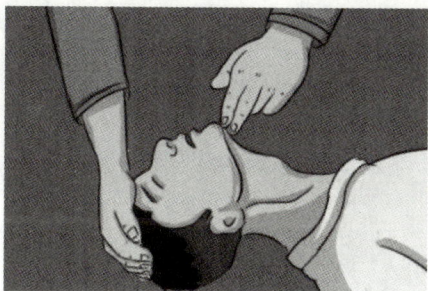

图 5-26　开放气道

图 5-27　人工呼吸

5. 停止心肺复苏的指征。在施救的同时也要时刻观察患儿的生命体征。触摸患儿的手足，若温度有所回升，则进一步触摸颈动脉，发现有搏动即可停止心肺复苏，尽快把患儿送往医院进行进一步的治疗。

知识链接

1. 胸外心脏按压用力应平稳、有规律地进行，不能间断，也不能忽快忽慢，禁止做冲击式猛压，按压时手指不要压在胸壁上，否则易引起肋骨或肋软骨骨折。

2. 按压时用力应垂直向下（特别是肘关节要伸直），不要左右摆动，双手掌要重叠放置，不可交叉放置，按压后放松时定位的手掌根部不可离开胸骨定位点。

3. 如发现患儿无反应无呼吸，急救者应拨打 120，取来自动体外除颤仪（AED，如果有条件），对患儿实施心肺复苏（CPR），需要时立即进行除颤。

4. 如有多名急救者在现场，其中一名急救者按步骤进行 CPR，另一名急救者应拨打 120，取来 AED（如果有条件）。

5. 在救助淹溺或窒息性心脏骤停患儿时，急救者应先进行 5 个周期（2 分钟）的 CPR，然后拨打 120。

6. 对于婴儿和幼儿，双人 CPR 时可采用 15 ∶ 2 的比率。即如双人或多人施救，应每 2 分钟或 5 个周期 CPR（每个周期包括 15 次按压和 2 次人工呼吸）更换按压者，

视频 5-2-4
婴幼儿心跳呼吸
骤停处理视频

第五章 · 婴幼儿常见运动伤害的处理与急救

并在 5 秒钟内完成转换。因为研究表明，在按压开始 1～2 分钟后，操作者按压的质量就开始下降（表现为频率和幅度以及胸壁复位情况均不理想）。

五、关节脱位的处理与急救

在外力作用下，使关节面彼此失去正常的连接关系，称为关节脱位，关节脱位一般都会引起关节囊撕裂和关节周围的韧带肌腱及其附着组织的损伤。婴幼儿受伤后脱位的关节会疼痛、肿胀、出现畸形，活动功能丧失。严重者，有时可能使血管、神经受损甚至伴有骨折。

婴幼儿常见肩关节、肘关节脱位，多为跌倒时手掌着地或暴力所致。

肩关节脱位表现为伤肩肿胀、疼痛，主动和被动活动受限，手掌不能搭在对侧肩部，患肢弹性固定于轻度外展位，常以健手托患臂，头和躯干向患侧倾斜，肩三角肌塌陷，呈方肩畸形，在腋窝，喙突下或锁骨下可触及移位的肱骨头，关节盂空虚。

肘关节脱位，表现为肘关节肿痛，关节置于半屈曲状，伸屈活动受限。如肘后脱位，则肘后方空虚，鹰嘴部向后明显突出；侧方脱位，肘部呈现肘内翻或外翻畸形。肘窝部充盈饱满。肱骨内、外侧髁及鹰嘴构成的倒等腰三角形关系改变（见图 5-28）。

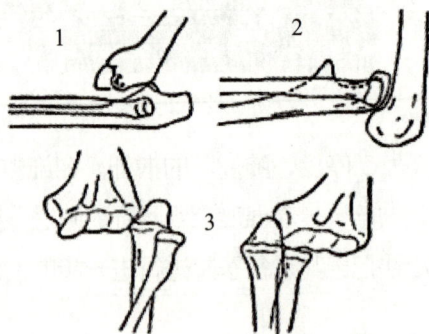

1.后方脱位　2.前方脱位　3.侧方脱位

图 5-28　肘关节脱位

婴幼儿关节脱位后，固定脱位关节，不得使之移动，更不得随意使用整复手法，迅速护送到医院进行整复、治疗。

如肩部脱位，可把患儿肘部弯成直角，再用三角巾把前臂和肘部托起，挂在颈上，再用一条宽带缠过脑部，在对侧脑作结。如髋部脱位，则应立即让患儿躺在平板上送往医院。

视频 5-2-5
婴幼儿关节脱位
处理视频

知 识 链 接

一般关于脱位后均表现出关节畸形，这可作为判断依据之一。

六、脑震荡的处理与急救

头部受到外力打击或碰撞以后脑功能发生暂时性障碍，叫作脑震荡。婴幼儿如发生脑震荡后，会立即出现暂时的意识障碍，如哭不出、意识迷糊等情况，历时约半小时。受伤轻者仅有意识恍惚（神志迷糊），重者可发生意识丧失（昏迷不醒）、烦躁不安、轻度休克、面色苍白或恶心呕吐。有的嗜睡，在数小时或过夜以后清醒，在意识恢复后仍可伴有头痛（婴幼儿用手敲头部）、烦躁不安、呕吐或眩晕等现象，有的甚至可长时间失去知觉。如出现这类现象，则可能是颅骨骨折、头部血肿、脑出血等，应及时就医。

婴幼儿头部着地受到损伤时，教师、家长应给予足够的重视。情况较轻者，可卧床休息1～2天，如无特殊表现才可以下床活动，并应持续观察一周。如发现头部伴有血肿，应去医院拍片检查，判明有无颅骨骨折。凡有明显意识障碍，伴有休克的，应立即平卧、固定头部，紧急送往三级医院抢救。严禁摇动、牵扯，更不要随意移动位置，头部两侧用衣物填塞，以免左右摇晃，同时用毛巾浸湿冷敷头部，身体衣着要保暖。对神志不清者可用手指掐人中、合谷等穴，使其苏醒。

视频 5-2-6
婴幼儿脑震荡处理视频

知 识 链 接

竞技性运动造成重型颅脑损伤后死亡或持久残疾的情况相对少见，但轻型颅脑损伤（脑震荡）相当常见，且发生率在逐年上升。美国国家运动损伤与疾病报告系统在1975年开始追踪各种体育运动中的损伤，资料显示，橄榄球运动中发生轻型颅脑损伤的可能性为2%～6%，而其他运动的发生率一般少于2%。在很多情况下，运动员没有意识到他们存在轻型颅脑损伤的症状，或者勉强告诉同伴和教练员只是微不足道的问题，而没有退出比赛。

运动相关性脑震荡（Sports-Related Cerebral Concussion，SRCC）又称轻型头部损伤（Mild Head Injury，MHI），是常见运动损伤类型之一。SRCC的严重程度与性格、年龄有关，女性比男性严重，儿童和青少年比成人严重。那些发生过SRCC的运动员更容易再次发生SRCC，经常是短时间内发生多次，且症状严重。足球、跆拳道、曲棍球、篮球、冰球、美式橄榄球、拳击、散打等身体接触较多、对抗性强、比赛激烈的项目容易发生脑震荡。

七、牙外伤的处理与急救

婴幼儿在户外活动时，发生碰撞，经常会殃及牙齿，而婴幼儿牙齿外伤中以前牙齿外伤最为多见，尤以上颌前牙最多。因为上颌前牙在面部的最前端，所以发生意外时婴幼儿的上颌前牙即大门牙最容易受到伤害，造成门牙松动、移位、折断、脱落等情况。8—10岁是恒前牙外伤的高发年龄，此时新长出的门牙牙根尚未完全发育完成，根管壁薄，外伤后及时治疗尤为重要（见图5-29）。

图 5-29　牙外伤

（一）牙齿发生松动

1. 牙齿叩痛和松动，此类情况牙齿受到碰撞力不大，主要让受伤牙得到休息，两周内不用患牙咬东西。

2. 如牙齿松动明显，请到医院就诊，医生会给牙齿做结扎固定。

（二）乳牙因外伤脱落

1. 尽快与牙医联系，迅速采取行动，这样可以减轻婴幼儿的不适并预防感染。

2. 用水冲洗口腔，同时冷敷以减少肿胀。

3. 好好安抚婴幼儿，不必到处找牙。乳牙不应被再植，因为这有可能对继承恒牙生长造成潜在损伤。

（三）恒牙因外伤脱落

1. 找到牙齿，将其在凉水中慢慢冲洗，禁止擦洗或使用肥皂。

2. 将牙齿放回牙槽窝中，并让幼儿咬住纱布或毛巾以固位。如发现无法将牙齿放回牙槽窝，记住一定要把牙齿放在干净的容器里，最好用冷牛奶浸泡。如没有牛奶，用生理盐水、隐形眼镜护理液、幼儿的唾液浸泡，或含在舌下也可，尽可能保存牙周膜活力。

3. 立即将幼儿和湿润保存的脱落牙齿送往牙医处。

（四）牙齿发生折断

1. 尽快与牙医联系，快速采取行动，保存牙齿，预防感染并减少更大范围的口腔治疗。

2. 用水冲洗口腔，同时冷敷以减少肿胀。

3. 如能找到牙折断片，带上牙折断片，湿润保存，前往牙医处。

> 小贴士
>
> 幼儿活动时，如存在跌倒、碰撞或接触坚硬表面及设备的风险，应让幼儿佩戴防护牙托。

八、运动性腹痛的处理与急救

运动性腹痛是指由于运动引起或诱发的腹部疼痛，多发生在运动过程中或结束时，严重时常使运动者被迫中止运动。幼儿运动性腹痛多见于中长跑、跳跃活动中。疼痛的程度多与运动量、运动强度和运动的速度等因素有关。运动性腹痛可分为以下几种：

1. 心血管系统的血液动力学障碍

部分幼儿平日体育锻炼基础较差，心血管系统的机能相对较弱，运动前又未认真做好准备活动，在剧烈运动中，心血管系统的机能水平就难以适应运动的负荷和强度，肝脾静脉回流受阻，血液淤积在肝、脾内，增大了肝脾的张力，使其膜上的神经受到牵扯，而产生疼痛。

疼痛性质：胀痛或牵扯痛。

疼痛部位：两侧肋部。

2. 呼吸肌痉挛

幼儿在运动、比赛中情绪高度紧张，运动时，未掌握好或注意不到呼吸节律及动作的协调，以致呼吸肌活动紊乱，呼吸急促而浅，致使呼吸肌疲劳，发生痉挛或细微的损伤。运动速度或强度增加太快，心肺机能赶不上肌肉工作的需要，也会促使呼吸肌痉挛，产生疼痛的反应。

疼痛性质：锐痛。

疼痛位置：上腹部。

3. 胃肠道局部血循环障碍

饭后过早参加运动，运动前喝得过多、吃得过饱或吃了难消化的食物（如豆类、薯类、牛肉）、喝了易产气的饮料、空腹锻炼（胃酸和冷空气对胃的刺激）等是胃

📝 **小贴士**

1. 遵守科学训练原则，循序渐进地增加运动量，加强身体全面训练，提高心肺机能。

2. 合理安排饮食，运动前不宜进食、饮水过多，进餐后休息 1.5～2 小时方可进行运动。

3. 运动前准备活动要充分，运动中要注意呼吸节奏，中长跑时要合理分配速度。

4. 幼儿腹痛有多种原因，腹腔内外疾患的病理性因素仅是发病机理中的一个方面，排除疾病因素，健康幼儿出现运动中腹痛多为循环、消化、痉挛这三种原因。

5. 教师可提前与家长了解幼儿身体情况，对于各种引起腹痛的疾患，应及时诊治，并在医生指导下，进行适宜的体育锻炼。

肠受机械牵引容易引起胃肠道痉挛，从而引起腹痛的原因。

疼痛性质：钝痛、胀痛甚至是绞痛。

疼痛位置：上腹部。

对于幼儿运动性腹痛的处理与急救，教师不要紧张，应安抚学生情绪，可采取以下措施：

1. 应降低运动强度，如减慢速度，及时调整呼吸节奏，加深呼吸。

2. 用手按压疼痛部位并弯腰跑一段距离，做几次深呼吸，疼痛会减轻或消失。

3. 如因胃肠道局部血循环障碍原因产生疼痛，可降低运动强度，散步慢跑，揉搓腹部，加速食物消化排出气体。

4. 上述处理效果不理想，应该立刻停止运动。有条件的话可以口服阿托品、十滴水，并饮用少量的温盐水，一般来说腹部疼痛可以减轻或消失。

5. 若通过上述处理腹部疼痛仍然没有好转，应及时将伤员送到医院做进一步的检查。

九、运动性休克的处理与急救

运动性休克是指在特定的运动环境中，因受到各种不利因素的侵袭，而迅速出现循环系统及其他系统功能急剧下降的一种病理生理状态。多见于平素体育锻炼较少的人，尤以少年儿童为多见。过分紧张、激动或带病参加运动为其诱因。有时少年儿童剧烈奔跑或赛跑后，如果立即站立不动，会使下肢的毛细血管和静脉失去肌肉收缩时产生的挤压作用，血液由于重力作用而淤积于下肢扩张的静脉和毛细血管里，也会产生休克。

视频 5-2-7
幼儿运动性休克
处理视频

对于幼儿运动性休克的处理与急救，可采取如下办法（见图 5-30）。

1. 出现休克早期等症状时，应立即搀扶，尽可能让其继续行走，使下肢肌肉收缩，

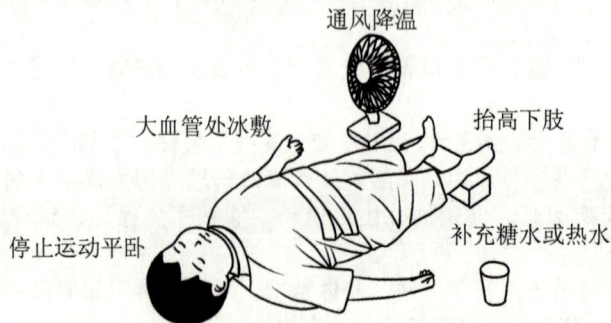

图 5-30　运动性休克处理

促使血液回流，使症状消失。

2.若无能力行走或已经昏倒，出现中度休克时，应将患儿平卧，头部放低，两下肢抬高，或由同伴二人抬其双下肢，由小腿向大腿做按摩或揉搓，以使血液尽早回流入心。在知觉恢复以前，不可给任何饮料或服药。

3.如有呕吐，应将其头偏向一侧，防止呕吐物堵塞气道。必要时可给血管收缩药，如皮下注射麻黄素或肾上腺素。

4.如呼吸停止，应做人工呼吸或皮下注射呼吸中枢兴奋剂，也可做 50% 葡萄糖静脉注射等抗休克处理。

5.病情较重者，经现场急救后，急需转医院抢救。

十、运动性脱水的处理与急救

在运动时，尤其是在热环境中运动时出汗率增加，如果没有足够饮水，就会造成纯体液的丢失以及过度缺水状态。脱水常常伴有电解质平衡的破坏和电解质通过汗液和尿液的丢失，影响细胞和系统的功能，而且还会降低人体的运动能力。轻度脱水（失水量为体重的 2%）时，感觉不适，口渴，食欲下降，尿量减少，运动能力受到影响。中度失水（失水量为体重的 4%）时，表现为严重的口渴，心率加快，皮肤出汗减少，头痛，头晕，无力，心血管系统压力也会增加，使心率的变化与运动强度不协调，并且限制人体从收缩肌肉传送热量到体表散热的能力，致使体温升高，进而导致运动能力下降，发生热损伤的可能性也相应增加。重度脱水（失水量为体重的 6%）时，除中度脱水表现外，还可能出现呼吸频率增加，血压下降，甚至休克，肌肉抽搐。

对运动性脱水的处理与急救，最主要的措施就是及时补充丢失的液体，按照丢失 1 千克补充 1000 毫升液体计算。

知 识 链 接

1.在运动过程中采取适宜的补液措施，可以帮助幼儿消除和减轻水、电解质平衡紊乱对机体生理功能和运动能力的影响。

2.准备活动前 20～30 分钟，按每千克体重补充 7～8 毫升的液体就能达到这个目的（即 25 千克的幼儿补充 200 毫升）。

3.运动时：每 15 分钟喝少量的液体（每千克体重 2～3 毫升，25 千克的青少年喝 50～75 毫升）、鼓励幼儿在口渴之前补充水分。

4.幼儿会比成人丢失的钠和氯化物少，因而补充水分的饮料要比成人的稀薄一点。

小 结

　　本章详细阐述了婴幼儿常见运动伤害的种类、症状、处理与急救方法，有利于教师学习掌握，并应用于实际工作中，从而可以降低运动伤害对婴幼儿的影响，加快其康复进程，使婴幼儿尽早回归正常生活和运动中。

关键术语

软组织损伤　　骨折　　脑震荡　　运动性腹痛　　心肺复苏　　运动性脱水

思考与练习

一、简单题

1. 婴幼儿运动伤害的判断与处理流程是什么？

2. 急性运动伤害的 PRICE 原则是什么？

3. 外伤出血的处理方法是什么？

4. 骨折的处置流程是什么？

5. 心肺复苏的操作流程有哪些？

6. 牙外伤后的处理方法是什么？

7. 运动性腹痛的处理方法是什么？

8. 运动性休克的处理方法是什么？

9. 运动性脱水的表现及预防方法是什么？

二、实践与练习

　　三个人为一组，一人扮演患儿，两人扮演教师，练习踝关节扭伤后的急救处理和心肺复苏操作方法。

拓展阅读

　　王国祥、王虎主编：《体育运动伤害防护》，苏州，苏州大学出版社，2017。该书从运动损伤的发生机制、症状体征以及处理方法与措施等方面，对人体各部位常见运动损伤进行了详细介绍，着重介绍了头部、躯干和四肢主要关节部位的 120 多种急、慢性损伤，能满足进一步深入研究的需求。

参考文献

［1］万钫编著:《学前卫生学》(第3版),北京,北京师范大学出版社,2010。

［2］金扣干主编:《学前保健学》,上海,复旦大学出版社,2011。

［3］朱家雄主编:《游戏活动(2～6岁)》,上海,上海世纪出版股份有限公司、上海教育出版社,2002。

［4］刘馨主编:《幼儿园健康教育资源:健康生活》,北京,人民教育出版社,2017。

［5］叶平枝等:《幼儿园健康领域教育精要——关键经验与活动指导》,北京,教育科学出版社,2015。

［6］王步标、华明主编:《运动生理学》(第二版),北京,高等教育出版社,2011。

［7］《运动生理学》编写组编:《运动生理学》,北京,北京体育大学出版社,2013。

［8］刘馨、张首文主编:《幼儿园健康教育资源 体育活动》,北京,人民教育出版社,2018。

［9］李若愚:《运动保健学》,成都,四川大学出版社,2014。

［10］［美］凯西·罗伯逊:《儿童早期教育中的安全、营养与健康》,刘馨等译,北京,北京师范大学出版社,2018。

［11］毛振明、于素梅主编:《体育教学安全防护教程与案例》,北京,北京师范大学出版社,2009。

［12］樊婷婷、梁小丽:《近二十年来我国幼儿园意外伤害研究》,载《宁波大学学报(教育科学版)》,2018(4)。

［13］徐晗、胡洁:《基于幼儿发展特征的幼儿园室外环境安全性设计研究》,载《西部教育》,2017(30)。

［14］ 金翀、邵伟德：《谈体育教师保护与帮助技能的几个问题》，载《体育教学》，2012（10）。

［15］ 李哲、杨光、张守伟、梁思雨：《日本〈幼儿期运动指南〉对我国幼儿体育发展的启示》，载《体育学刊》，2019（1）。

［16］ 秦培府、刘鎏、朱子平：《境外学龄前儿童"走、跑、跳"基本动作技能研究述评》，载《山东体育学院学报》，2019（6）。

［17］ 王玉侠、李润中、曹惠容、吕朋林：《发展学龄前儿童平衡能力的体育运动方法研究》，载《青少年体育》，2019（4）。

［18］ 冷小刚：《幼儿体育活动中的卫生与安全》，载《南京体育学院学报（社会科学版）》，2002（5）。

［19］ 陈倩苇：《青少年运动伤害风险因素及预防》，载《当代体育科技》，2020（26）。

［20］华爱华：《幼儿户外游戏的挑战与安全》，载《体育与科学》，2009（4）。